REUSSIR UN GAZON

La Vie en Vert,

collection dirigée par **Philémon**.

Couverture :
Maquette : Georges CHOQUET
Photographie : **P. MIOULANE**

Daniel BROCHARD

REUSSIR UN GAZON

Illustré par LOPPÉ

2e édition
15e mille

DARGAUD ✺ **EDITEUR**
PARIS • BRUXELLES • LAUSANNE • MONTREAL

Dépôt légal 2e trimestre 1981 No 427
I S B N 2-205-01757-8

Dépôt légal à Québec Dépôt légal à Ottawa. 2e trimestre 1981 No 427
I S B N 2-205-01757-8

PRESSE IMPORT - LEO BRUNELLE INC. 307 Benjamin Hudon
St-Laurent Montréal - P.Q. H4N 1J1
DISTRIBUTEUR EXCLUSIF LICENCIE.

TABLE DES MATIÈRES

INTRODUCTION

Aussi petite soit-elle, une pelouse est signe d'espace et de repos. Elle souligne la maison, les massifs de fleurs ou les arbustes. Rares sont les jardiniers qui ne souhaitent pas avoir un peu de gazon à piétiner des yeux. Mais, gazon d'ornement, pelouse d'ébats ou prairie, la mise en place du tapis vert, le choix des graines et l'entretien sont différents.

Pour installer un gazon là où ne poussent que ronces et orties, il suffit de respecter certaines règles élémentaires.

Avant tout, il faut déterminer le type de gazon que l'on souhaite obtenir : un gazon fin et noble, plaisir des yeux, ou une pelouse plus grossière, faite pour s'étendre ou jouer. Ce choix permettra de sélectionner le mélange des graines, les espèces et parfois les variétés.

Connaître ensuite ses possibilités pour l'entretien. Le gazon est un être vivant qui respire, mange et croît. Il est donc nécessaire de lui procurer un entretien correct pour lui assurer une bonne longévité. Plus le gazon sera fin et ornemental, plus les soins devront être nombreux et répétés : tonte, fumure, désherbage, etc. Un gazon mal entretenu ne sera jamais beau même s'il est semé dans les règles de l'art.

Vient ensuite l'installation. Les travaux seront plus ou moins importants selon l'état du terrain. Il faudra peut-être éliminer la végétation existante, puis drainer pour assainir le sol. Lui donner ensuite une forme agréable à l'œil. Quelques mouvements de terrain sont souvent du meilleur effet. Enfin, le labourer, le fumer aussi, le niveler et le semer. Chaque étape a son importance.

De idées, de la volonté et des bras ne suffisent pas. Il vous faut du matériel. Nous allons vous apprendre à vous constituer une panoplie adaptée à vos besoins. Bien équipé, vous n'aurez aucune difficulté pour assurer la longévité de votre pelouse, même si des parasites animaux ou végétaux viennent l'attaquer. Nous vous apprendrons à être vigilants et à lutter avec efficacité. Et comme il vaut mieux prévenir que guérir, nous vous montrerons qu'il suffit de prendre quelques mesures lors de l'installation pour éviter la venue de ces ennemis du gazon.

Il n'est pas d'éclat de vert plus agréable à recevoir que celui d'un gazon réussi.

L'heure
des choix

Voici venu le temps de penser à installer une pelouse autour de la maison. Avant de commencer les travaux, comme dans toute entreprise, il va falloir faire des choix. Choisir entre le gazon très fin, du plus bel effet, et l'étendue de verdure facile à entretenir et résistante. Choisir la composition du mélange de graines, selon la nature du terrain, le climat, la fréquence des entretiens. Choisir, enfin, la meilleure période pour débuter les travaux, afin de donner aux graines semées les plus grandes chances de s'installer définitivement. Inutile de vous lancer dans la grande aventure du gazon si vous n'avez pas correctement étudié son avenir.

Un tapis, écrin de la maison

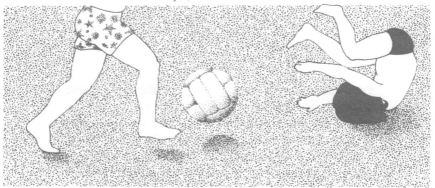

Un gazon pour le plaisir de jouer

Deux pelouses : beauté et détente

Vus de loin tous les gazons se ressemblent et paraissent être faits sur le même modèle. Pourtant, penchez-vous et observez. Vous verrez que les pelouses sont en réalité constituées d'un ensemble d'espèces très différentes les unes des autres. Certaines poussent en touffettes, d'autres, au contraire, croissent en largeur, avec des stolons, tout comme les fraisiers. Les feuilles peuvent être larges et longues ou, à l'inverse, courtes et rondes, plates ou cylindriques. L'étendue des coloris vous étonnera aussi. Sous le terme « gazon », ce sont en réalité des dizaines d'espèces et des centaines de variétés qui sont réunies. Et la beauté d'une pelouse viendra de l'harmonie que vous aurez réalisée en les associant les unes aux autres.

Avant de retrousser vos manches et d'attaquer le terrain, faites une petite étude.

LE CHOIX DE LA PELOUSE

Vous avez peut-être choisi une voiture plus fonctionnelle que confortable, acheté une maison petite et facile à entretenir plutôt qu'une grande bâtisse, de caractère, mais loin de vos moyens. Il doit en être de même pour votre pelouse. Choisissez-la en rapport avec vos possibilités et avec son utilisation à venir. C'est le tout premier problème que doit se poser le futur propriétaire d'un tapis vert.

Un gazon pour les yeux

Tel un écrin, votre gazon pourra être une parure pour votre maison. Vous choisirez alors de créer une pelouse très fine, avec des espèces pures et homogènes. Autant vous prévenir tout de suite. La création sera à soigner particulièrement et l'entretien très important. Il vous faudra y consacrer, non seulement de l'argent, mais aussi beaucoup de temps. Les plus beaux gazons, ceux des *greens* de golf, sont tondus une, voire deux fois par jour... Ce n'est qu'à ce prix que vous pourrez vous enorgueillir d'avoir la plus belle moquette extérieure qui puisse être. Vous aurez contre vous la pluie ou la sécheresse, les jolies pâquerettes du printemps ou le chiendent sournois, les vers de terre ou les taupes et leurs autoroutes souterraines... Mais quel plaisir pour les yeux, il faut bien le reconnaître. Si jardiner représente pour vous une véritable passion voici le type de pelouse qu'il vous faut.

Un gazon pour les jeux

Deux ou trois enfants, un chien fou et un chat qui gratte, seul le samedi après-midi à consacrer au jardin : choisissez une pelouse plus du type prairie que tapis d'orient. Quelques touffes rebelles de trèfle, quelques fleurs blanches, roses ou bleues qui n'ont rien du gazon, des espèces qui résistent à quelques coups de talons donnés pendant un « match de football », voici le gazon de tout le monde. Celui que vous saurez pourtant personnaliser par des plantations, des massifs et des allées réalisés selon vos goûts. Ne croyez pourtant pas que ce genre de pelouse poussera tout seul. Là encore il faudra des soins, nombreux et répétés. Mais il saura supporter une absence d'entretien de temps en temps. En choisissant ce gazon vous y perdrez peut-être en beauté mais vous y gagnerez en naturel.

IMPORTÉ A 99 %

La France ne produit qu'environ 1 % de la quantité de semences à gazon utilisée chaque année. Les importations viennent du monde entier, Danemark, Pays-Bas, U.S.A., R.D.A., Nouvelle-Zélande... La Hollande est l'un des premiers pays européens pour la création de variétés à gazon. Chaque année c'est plus de 100 000 quintaux qui sont semés. De quoi couvrir des milliers d'hectares !

Un gazon pour les deux

Pourquoi, effectivement, ne pas désirer posséder les deux types de pelouse que nous venons de présenter ? Si votre terrain est suffisamment grand, c'est un choix que nous vous conseillons. Aux abords de la maison, pour la beauté de l'édifice, vous pouvez envisager un gazon très esthétique. Et dans les parties plus éloignées, un tapis vert moins soigné, propice aux ébats d'une famille au grand air. Il suffira simplement, lors des travaux de création, de faire attention à ne pas réaliser de coupure bien nette entre les deux.

LE CHOIX DES GRAINES

Vous avez déterminé le genre de pelouse qui va entourer votre maison. Il va falloir maintenant songer à choisir les graines du gazon qui auront toutes chances de donner le résultat espéré. Il existe des mélanges « passe-partout ». C'est simple et facile. Mais impersonnel, et risqué. Aussi étudiez la composition ; votre composition pour votre jardin.

POIDS DE GRAINES

Dans un mélange de gazon, le pourcentage entre les espèces varie, en partie parce que chacune possède un nombre de graines très différent pour un poids donné. Ainsi, dans un gramme, il y a 10 à 15 000 graines d'agrostide commune, 3 à 5 000 de pâturin des prés, 1 500 à 2 500 de fétuque ovine, 800 à 1 200 de fétuque rouge ou 450 à 550 graines de ray-grass anglais.

Gazons en tous genres

Si vous vous êtes penché sur la pelouse de votre voisin vous avez vu qu'elle était composée d'un ensemble de plantes, différentes les unes des autres. Sans entrer dans une étude botanique très poussée, la connaissance des différentes espèces vous permettra de composer vous-même le mélange le mieux adapté à vos besoins.

Dans le commerce il existe des compositions standards qui comportent 3, 4 ou 5 espèces différentes. Elles sont censées s'acclimater à toutes les conditions de bonne végétation. Pourtant elles risquent de vous décevoir. Alors rien de mieux que de trouver vous-même votre mélange. On peut malheureusement regretter que la vente par espèce soit de plus en plus rare, ce qui rend difficile l'exécution de sa propre composition. Mais les firmes qui commercialisent les gazons sont nombreuses et chacune possède ses recettes. Essayez de trouver celle qui se rapprochera le plus de votre étude.

Choisir le mélange le mieux adapté

Les gazons entrent dans la grande famille des graminées. Ce sont, de plus, des monocotylédones. Rappelez-vous les haricots que vous avez fait germer dans du coton, lorsque vous étiez à l'école. Vous avez vu, à la germination, votre haricot se séparer en deux. Ces deux morceaux autour de la tige sont appelés : cotylédons. Parce qu'ils sont deux on classe le haricot dans les dicotylédones (deux cotylédons). Les graminées à gazon, elles, n'en possèdent qu'un. Lorsque la graine germe, une seule partie sort de terre, à l'extrémité de la petite tige. Pourquoi connaître cette différence ? Parce qu'elle vous servira plus tard dans la lutte contre les mauvaises herbes.

Les plantes ennemies du gazon sont dans la plupart des cas de la classe des dicotylédones. Il suffit donc de trouver un produit néfaste aux unes pour protéger les autres. Enfin leur mode de croissance est différent et de plus elles ne « tallent » pas.

Qu'est-ce que le tallage ? A la base des feuilles de graminées se trouve un bourgeon. Si vous coupez cette feuille, la sève qui l'alimentait va servir à nourrir ce bourgeon. Celui-ci donnera une feuille à la base de laquelle se trouvera un nouveau bourgeon. Si vous coupez la nouvelle feuille qui poussera, le processus continuera indéfiniment. En même temps se développeront des racines

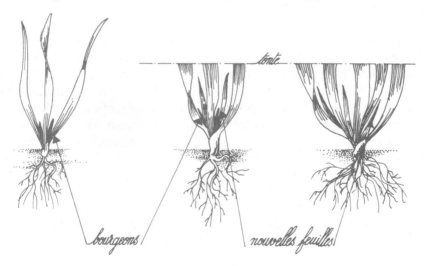

La tonte favorise le départ des bourgeons

qui permettront à la plante de s'étaler. Ainsi votre « pied » de gazon s'étoffera et assurera la pérennité de la pelouse. D'où l'utilité, voire la nécessité de tondre et de rouler. Au contraire les plantes que l'on nomme « mauvaises herbes » ne tallent pas. Aussi les couper va provoquer un arrêt de la végétation et à terme une destruction. Un moyen plus naturel de lutte biologique.
Abordons maintenant l'étude des différentes espèces.

Les agrostides (*Agrostis*). Ce sont des espèces très fines qui donnent un résultat des plus esthétiques. Elles sont, de plus, traçantes, c'est-à-dire qu'elles ont tendance à se multiplier en s'étalant d'où une couverture relativement rapide. Ses graines, très fines, ont la faculté de se propager de tout côté et peuvent nuire à la végétation d'autres espèces en les étouffant, si bien que cette plante ne doit pas entrer en mélange dans une proportion supérieure à 20 %. L'agrostide a, de plus, une végétation assez courte qui nécessite des tontes moins fréquentes. Par contre elle demande des arrosages suivis. Vous aurez le choix entre l'agrostide commune (*Agrostide tenuis*), la plus jolie, et l'agrostide stolonifère (*Agrostis stolonifera*) qui se multiplie en repiquant d'elle-même dans le sol certaines de ses tiges. Comme le ferait un fraisier.

Les pâturins (*Poa*). Commune, des bois ou des prés, ces trois espèces entreront dans l'une des compositions que vous aurez choisie. Les pâturins sont des plantes de croissance moyenne. Ils offrent l'avantage de rester verts pratiquement toute l'année. Pour cela on les rencontre dans presque tous les mélanges, le pâturin des prés pour les compositions très fines, le commun dans les sols plus humides. Malheureusement ils sont souvent attaqués par la rouille, bien que de nouvelles variétés résistantes aient été créées depuis quelques années. Les pâturins s'adaptent à presque tous les sols pourvu que vous fertilisiez souvent. Attention toutefois aux terrains très secs. En raison de la petitesse de leurs graines et de leur vivacité vis-à-vis des autres espèces, n'en mettez pas plus de 20 à 30 % dans un mélange.

Les fétuques (*Festuca*). Sans doute le genre de graminées qui possède la plus grande variété dans ses espèces. Les deux plus répandues sont la fétuque ovine et la fétuque rouge.

La fétuque ovine. Elle est de petite taille et s'adapte parfaitement bien aux sols secs et sablonneux. Son nom vient de ce que ses feuilles sont gainées de rouge à leur base. La fétuque ovine prend de plus un aspect doré, l'été venu. Elle pousse en touffette et la couverture d'un terrain est, de ce fait, un peu plus longue. Mais la fétuque ovine est l'un des gazons que l'on tond le moins souvent. A conseiller donc à ceux qui négligent de temps en temps l'entretien de leur pelouse.

La fétuque rouge. Elle possède une très bonne pérennité et comme la précédente s'adapte à tous les sols et particulièrement aux plus pauvres. Il en existe deux principales sous-espèces : traçante et demi-traçante. C'est le type de graminées que vous utiliserez pour les compositions très esthétiques. Mais vous verrez qu'en raison de sa grande rusticité, la fétuque rouge se trouve dans presque tous les mélanges du commerce dans des proportions allant de 30 à 70 %. Comme la fétuque ovine, la fétuque rouge est assez longue à s'installer pour couvrir complètement un terrain. Elle demande aussi des tontes moins fréquentes.

La fétuque élevée. Cette troisième espèce peut être utilisée dans un mélange. Son aspect est moins fin que les précédentes mais c'est

VERT VARIÉ

On parle souvent de tapis vert. Pourtant les différentes espèces utilisées offrent une palette de coloris très large dans le vert. Cela peut aller du vert bleuté (fétuque ovine) au vert foncé voire ocré (fétuques rouges) en passant par le vert pâle (agrostide). Pensez-y lors de vos mélanges pour avoir une homogénéité dans la couleur de votre pelouse.

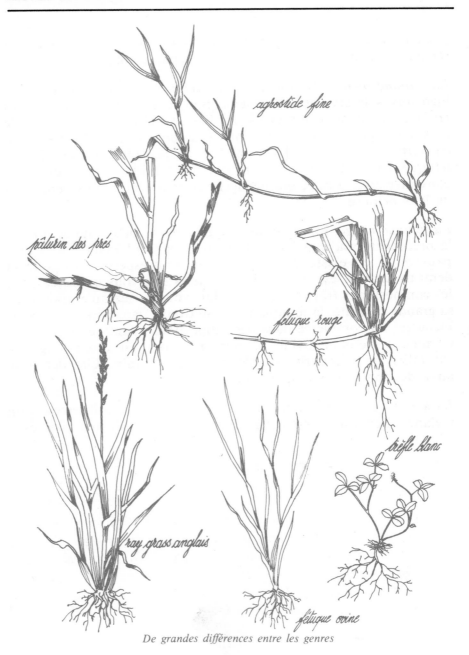

De grandes différences entre les genres

une graminée qui résiste à la sécheresse ou aux excès d'humidité. Vous pouvez l'adapter aussi bien sur des sols de bord de mer que sur des terrains argileux. Ajoutons qu'il s'agit d'une espèce qui supporte particulièrement bien le piétinement. Mais en raison de son nom, dû à sa taille, elle demande des tontes plus fréquentes.

Les ray-grass. Le genre le plus populaire : il entre dans presque toutes les compositions. Pour deux raisons principales : son prix car il est facile à cultiver donc à récolter, et sa rapidité de levée et de couverture permet en peu de temps d'avoir un champ labouré puis dressé, recouvert d'un épais tapis vert. Il en existe deux espèces.

Le ray-grass d'Italie. C'est le moins utilisé parce que gélif, donc difficile à tenir sous nos climats.

Le ray-grass anglais. Il vous donnera les meilleurs résultats. Vous choisirez donc plutôt parmi les variétés de ce dernier pour composer votre mélange.
Attention, le ray-grass anglais se dégrade de lui-même au bout de 4 à 5 ans. Vous éviterez pour cela de le semer en espèce pure à moins de regarnir continuellement. Le ray-grass anglais résiste bien, aussi, au piétinement. N'oubliez pas de l'arroser dès les premières chaleurs car il souffre vite du manque d'eau.

Ce que vous pouvez encore semer. En dehors des espèces de gazon que nous venons de voir, il existe d'autres graines qu'il vous est possible de semer pour obtenir un tapis végétal.

Le cynodon dactylon. Dans les zones sèches du littoral du sud de la France, il est une des plantes qui donne le meilleur résultat. Malheureusement son aspect est assez peu esthétique. A vous de choisir si vous préférez une « pelade » ou un terrain vert pas très joli. Attention, le cynodon est une plante envahissante. Vous avez sans doute déjà entendu parler du chiendent...

Le trèfle blanc. Il est tout à fait conseillé à ceux qui ont un terrain pentu et qui ne souhaitent pas avoir un gazon très fin. Cette espèce a le pouvoir de fixer les terres grâce à un système radiculaire très développé. Un inconvénient toutefois, le trèfle n'est pas une graminée mais une légumineuse et par conséquent une dicotylédone. Aussi impossible d'utiliser un désherbant sélectif comme nous vous l'avons expliqué ci-dessus. Et surtout, si vous le semez, son pourcentage dans le mélange ne doit pas excéder 2 à 3 %. Vous n'auriez plus, bien vite, qu'un champ de trèfle.

Crételle des prés, fléole diploïde, lotier corniculé ou *achillée millefeuille.*
Sachez que ce sont des plantes que l'on utilise en dernier ressort, lorsque rien d'autre ne veut pousser. Vous obtiendrez alors plus une couverture verte du terrain qu'un véritable gazon. Mais avant d'en arriver à les utiliser vous aurez dû passer en revue toutes les variantes de compositions de graines de gazon et toutes les opérations de modification de la structure du sol. Et elles sont nombreuses.

Ce que valent les plantes à gazon

Avant de vous lancer dans le choix des espèces de votre mélange, connaissez leurs principales caractéristiques.
Six critères mis en avant : la qualité de la couverture, c'est-à-dire l'aspect esthétique, la rapidité de la levée et de l'installation sur le

TAILLES VARIABLES

Ne recherchez pas le gazon qui ne se tond pas. Il n'existe pas. C'est une invention commerciale. Par contre toutes les espèces n'ont pas la même croissance. Les fétuques gazonnantes ou demi-traçantes seront plus courtes que les ray-grass ou les fétuques élevées. Mais elles résistent moins au piétinement. A vous de choisir le pour et le contre.

terrain, la résistance au piétinement, très importante si vous souhaitez pouvoir marcher sur votre pelouse, la résistance aux intempéries : la sécheresse et le froid, et l'agressivité vis-à-vis des autres plantes.
Voici un tableau résumant leurs principales qualités ou leurs défauts. A vous de choisir.

GENRE	ASPECT	COU-VER-TURE	RÉSISTANCE			AGRES-SIVITÉ
			au piétinement	à la sécheresse	au froid	
Agrostide	fin	15-20 j.	très moyenne	faible	moyenne	grande
Fétuque rouge ..	fin	12-15 j.	moyenne	moyenne	bonne	faible
Fétuque ovine ..	très fin	12-18 j.	mauvaise	bonne	bonne	faible
Fétuque élevée ..	grossier	10-12 j.	bonne	bonne	bonne	grande
Pâturin	grossier	12-20 j.	moyenne	moyenne	moyenne	moyenne
Ray-grass anglais	grossier	8-12 j.	très bonne	moyenne	bonne	grande

Des gazons pour tous les sols

La nature du terrain va aussi déterminer le choix des espèces. Vous aurez auparavant fait effectuer une analyse de terre pour déterminer si votre sol est acide ou, au contraire, alcalin.

Terres acides. Elles sont en principe assez légères parce que siliceuses ou plus exactement sableuses. Les meilleures espèces de gazons sont les agrostides, les fétuques, le ray-grass anglais ou le cynodon dactylon.

Terres alcalines. Choisissez de préférence des mélanges à base de ray-grass anglais et de pâturins. Mais bien sûr, rien ne vous empêche de modifier l'acidité ou l'alcalinité de votre terre de façon à l'amener à un niveau neutre qui vous permettrait de pouvoir tout semer sans difficulté.

Espèce pure ou mélangée ?

La question peut se poser. Quel est l'intérêt de mélanger entre elles différentes espèces de graines de gazon ?

On ne peut nier qu'une pelouse constituée d'une seule espèce est d'un aspect des plus réussis. Mais la moindre plante étrangère se remarquera très vite et l'entretien devra être très important. Et surtout semer une seule espèce c'est prendre le risque de tout voir disparaître à la moindre attaque, qu'il s'agisse de mauvaises conditions d'entretien, du climat ou des maladies. C'est pourquoi il est préférable de toujours semer plusieurs espèces en même temps, dans des proportions qui varieront selon le résultat escompté. Ainsi, si l'une d'entre elles devait souffrir d'un mal quelconque et disparaître, il s'en trouverait toujours une autre pour la remplacer et combler les vides laissés. En règle générale, semez plutôt un mélange qu'un seul genre de graminées. N'exagérez pas cependant. Une composition idéale comportera 3 ou 4 genres, chacun dans des proportions en rapport de la quantité de graines, de leur agressivité et de leur pérennité.

Les mélanges à choisir

En résumé voici les espèces que vous pourrez choisir selon le type de pelouse recherché.

Gazon fin. Si vous souhaitez un gazon fin pour le plaisir de le regarder, les formules composées à partir de :
- Agrostide commune,
- Fétuque rouge traçante ou gazonnante,
- Fétuque ovine,
vous donneront le meilleur résultat.

Gazon rustique. Un gazon demandant peu d'entretien, sur lequel vous pourrez à loisir vous étendre ou marcher, sera semé avec les espèces suivantes :

- Agrostide commune,
- Fétuque rouge demi-traçante,
- Fétuque ovine,
- Pâturin des prés,
- Ray-grass anglais.

Évitez les mélanges possédant plus de 45 à 50 % de ray-grass anglais. Cette espèce très envahissante aurait vite fait d'étouffer le reste et vous y perdriez en esthétique.

Vous avez maintenant en mains les principaux éléments qui vont vous permettre de choisir votre mélange de graines. Ne vous précipitez pas sur le premier emballage venu dans la vitrine du négociant. Les compositions toutes prêtes sont nombreuses et il en existe certainement une très proche de votre étude. N'hésitez pas à la chercher. Il en va du résultat.

Voici venu le jour de la pose de la « première pierre » de votre pelouse. Un grand moment. Mais êtes-vous certain d'avoir choisi la bonne période ? N'y a-t-il pas une saison plus propice, pendant laquelle vous serez certain de réussir ?

Les grands travaux

L'étude est terminée. Passez aux actes, sur le terrain. Commencez par le préparer. Mais connaissez-vous sa nature ? Il faudra peut-être en modifier sa structure. Seule l'analyse vous le dira. Et puis, est-ce la meilleure saison pour entreprendre les travaux ? Le climat ne va-t-il pas contrarier vos projets ? Ce n'est qu'après avoir mis toutes les chances de réussite de votre côté que vous débuterez les grands travaux d'aménagement. Avec le drainage pour assainir le terrain, le labour pour aérer le sol et éliminer la végétation existante, le nivellement pour avoir une pelouse rectiligne et facile à entretenir. Retroussez vos manches, il en va du résultat.

LE BON MOMENT

Il faut distinguer deux stades dans la création d'une pelouse : l'aménagement du terrain et le semis proprement dit.

Les travaux de mise en état du sol. Ils peuvent débuter pratiquement à n'importe quel moment de l'année. Encore que si votre terre est lourde et compacte, vous ayez intérêt à les commencer à l'entrée de l'hiver pour les terminer au printemps. Le gel et le dégel ont une action bénéfique en brisant les mottes de terre, permettant ainsi une meilleure aération du sous-sol.

Le semis. Il devra être de préférence effectué au début de l'automne. Mais sachez qu'en semant du 15 mars au 15 juin et du 15 août au 15 octobre, vous aurez toutes chances d'obtenir de bons résultats. Préférez toutefois la saison d'automne. Les gazons résistent mieux au froid qu'à la sécheresse. Ainsi une pelouse semée en septembre passera l'hiver au ralenti pour bien redémarrer au printemps et être suffisamment solide pour lutter contre les chaleurs estivales. Attention les dates que nous vous avons données sont des moyennes. En fonction du climat propre à votre région vous pourrez soit avancer de quelques jours, soit retarder votre semis.

LA NATURE DE LA TERRE

Pour réussir une culture, qu'elle soit fruitière, légumière ou ornementale, il faut connaître la nature du sous-sol. Pour cela, il convient de procéder à une analyse. Elle sera de deux sortes : chimique ou physique.

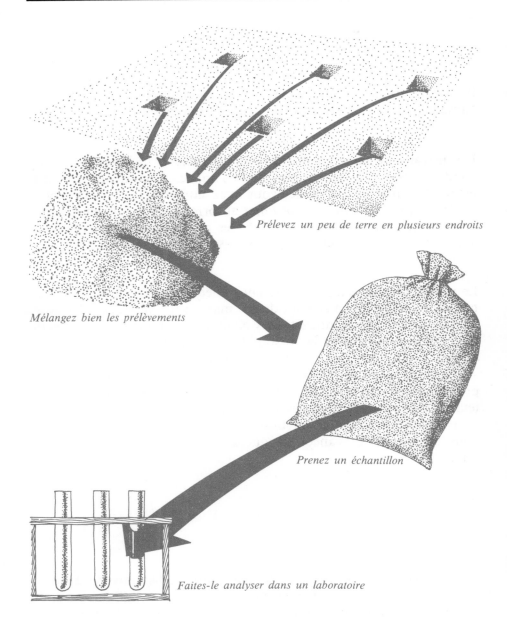

Prélevez un peu de terre en plusieurs endroits

Mélangez bien les prélèvements

Prenez un échantillon

Faites-le analyser dans un laboratoire

POUR CONNAITRE LA NATURE DE SON SOL

L'analyse chimique

C'est elle qui vous donnera le taux d'acidité ou d'alcalinité de la terre. On dit son pH. Elle vous indiquera sa teneur en azote, potasse et phosphore, éléments principaux, mais aussi en éléments plus petits en quantité (fer, magnésium ou bore par exemple), tous nécessaires à la végétation des plantes. Vous pourrez ainsi remédier aux carences en compensant les manques par des apports réalisés au cours du labour.

Pour déterminer le pH, vous pourrez vous procurer dans certains magasins spécialisés le matériel nécessaire. Mais si vous souhaitez avoir une analyse plus complète et sérieuse, il vous faudra porter un échantillon de votre terre à un laboratoire. Celui-ci saura vous donner toutes les directives futures pour modifier sa composition. Prélevez vos échantillons de la façon suivante : en plusieurs points du jardin, répartis sur l'ensemble de la superficie, prenez un peu de terre, avec la bêche, sur une profondeur de 20 à 25 cm, ce qui est suffisant pour du gazon. Pour des arbres il serait utile d'aller plus profond. Chaque prélèvement est mis en un même tas que vous mélangez de façon homogène. Et c'est un échantillon de ce mélange que vous ferez analyser. Le résultat correspondra à la moyenne et vous permettra d'agir avec efficacité. Le laboratoire vous indiquera le dosage des éléments à apporter pour modifier la nature de la terre en fonction des végétaux que vous souhaiterez y planter.

LE pH ET LE SOL

L'acidité et l'alcalinité d'un sol sont données par son pH. Ces deux lettres signifient « potentiel Hydrogène » car c'est la quantité d'hydrogène actif qui caractérise le taux d'acidité. Une graduation a ainsi été obtenue qui va de 1 à 14. Une terre est dite neutre lorsque son pH se situe entre 6 et 7. Un sol acide possède un pH inférieur. Au-dessus on le dit alcalin ou basique.

L'analyse physique

En effectuant cette analyse vous allez déterminer la nature même de votre sol. Savoir s'il est calcaire, argileux, humifère, etc. Vous allez pouvoir le faire aisément rien qu'en le regardant de près et en le touchant avec vos mains.

Terre argileuse. Si elle est compacte, si elle colle aux pieds et aux mains, vous êtes en présence d'une terre argileuse. Elle sera dure à travailler, se crevassera par temps de sécheresse et sera surtout difficile à se réchauffer après l'hiver ce qui retardera le départ de la végétation. Par contre un sol argileux retient bien l'eau. Les engrais y sont aussi facilement assimilés.

Terre sableuse. Au contraire une terre qui coule entre les doigts, qui n'a pas de tenue, est surtout sableuse. Elle se travaille facilement, permet des semis précoces à cause de sa faculté de réchauffement rapide. L'air et l'eau y pénètrent bien. Mais elle s'assèche très vite et est assez peu profitable aux végétaux à cause de sa pauvreté en éléments nutritifs.

Terre calcaire. Votre sol est de couleur blanchâtre. Il se fendille l'été ou devient vite boueux avec la pluie. Voici le type même

ANALYSE DU SOL A L'ŒIL

Pour connaître le taux d'acidité d'une terre vous pouvez faire une analyse et déterminer son pH. Vous pouvez aussi regarder la végétation qui y croît. Le coquelicot, le bleuet, le sureau, la moutarde sont des signes de sol calcaire. L'oseille, les fougères, les ajoncs, les bruyères se plaisent en sol acide. Enfin si vous trouvez des boutons d'or ou du plantain votre terrain est sûrement argileux.

d'une terre calcaire. C'est la plus pauvre de toutes. Elle ne possède pratiquement aucune qualité. Il sera absolument nécessaire de la modifier si vous souhaitez y installer une végétation durable.

Terre humifère. Pleine de débris végétaux, noire d'aspect, de la mousse ou de la bruyère : vous possédez une terre dite humifère, ce qui veut dire composée d'humus. Attention c'est un sol acide qui ne convient qu'à peu de végétaux. Par contre elle est nourrissante, se réchauffe vite et se travaille bien. Mais ce n'est pas la meilleure pour un gazon.

Terre franche. C'est la terre idéale, celle que chacun désire posséder. Elle possède une belle couleur brune, ne colle pas ni ne s'assèche trop, se prête à toutes les cultures. Elle retient l'eau et les engrais, s'aère facilement. Malheureusement rares sont ceux qui la possèdent !

Changer sa terre

Si les résultats de vos analyses ne sont guères propices à l'installation d'un gazon comme vous le souhaitez, trois solutions s'offrent à vous :
La première : tout changer, décaper sur 20 cm et remplacer par une terre franche que vous achèterez. C'est l'idéale. La plus onéreuse aussi.
Trouvez donc une autre solution : apportez sur votre terrain dit pauvre une couverture d'une dizaine de centimètres de cette terre franche. Cela vous coûtera moins cher et vous serez assuré d'un bon résultat rapide. Mais attention, comme le dessous n'a pas été modifié vous risquez des ennuis. S'il est argileux ou sableux, vous aurez souvent des problèmes d'eau. Alors adoptez la troisième solution : amendez.

Les amendements. Il s'agit d'apporter et de mélanger à la terre existante des éléments propres à en modifier sa nature. Pour les terres acides vous y incorporerez de la chaux ou des scories potassiques. Au contraire, les terres calcaires recevront de la tourbe ou de la terre de bruyère, voire du terreau. Un sol argileux sera allégé avec de la tourbe ou du sable. Enfin de l'argile et de la tourbe devrait « coller » une terre sableuse. Les proportions des additifs varieront évidemment, selon l'importance de l'état du sol. En définitive vous devrez avoir un sol pas trop collant mais qui retient l'eau, pas trop compact pour qu'il laisse pénétrer l'air, un sol qui se laboure, se griffe ou se ratisse sans problème.

L'ÉCOULEMENT DES EAUX

Une mauvaise circulation des eaux de pluie ou d'arrosage est souvent à l'origine d'une pelouse défectueuse. Elle peut provenir soit d'une terre trop forte, collante, soit d'un sous-sol imperméable ne possédant pas de pente naturelle d'écoulement. Vous allez donc être obligé de prévoir un drainage. Celui-ci ne sera peut-être pas nécessaire sur la totalité du terrain mais seulement sur une zone déterminée de stagnation des eaux.

L'importance du drainage varie en fonction de la nécessité et de la quantité d'eau à évacuer. Les techniques de drainage sont très nombreuses, mais le moyen le plus simple est l'emploi de tuyaux placés au fond d'une rigole. Ces canalisations seront constituées soit par des tubes en argile mis bout à bout soit par des tuyaux en plastique percés.

Ces drains sont placés sous terre à des profondeurs qui varient en fonction de la nature de la terre. Plus elle est lourde et grasse, plus ils sont rapprochés de la surface. Ainsi dans un sol argileux, 50 cm de profondeur sont suffisants. Dans un terrain sablonneux vous pouvez descendre jusqu'à 80 cm environ.

Si vous disposez d'une pente naturelle du sol, placez vos lignes de drains dans le sens de la pente. Les eaux seront ensuite recueillies dans un autre drain collecteur situé dans la partie la plus basse et perpendiculairement. Une légère déclivité sera donnée à ce récepteur vers le point d'évacuation (égoût, puisard, etc.).

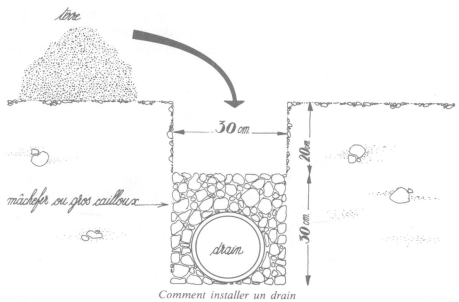

terre

30 cm.

20 cm.

30 cm.

mâchefer ou gros cailloux →

drain

Comment installer un drain

Si votre jardin est plat, il est nécessaire de créer une pente artificielle pour que l'eau puisse couler dans les drains. Veillez à ce que la pente soit la même pour tous et surtout qu'elle soit partout dans le même sens. Là encore prévoyez un drain collecteur.

Que ce soit des tuyaux percés ou des tubes en argile, placez votre système de drainage en lignes parallèles dans toute la mesure du possible. L'espacement entre ces lignes varie selon l'imperméabilité de la terre. Ils sont d'autant plus rapprochés que le sol est compact. Le diamètre de ces drains doit également varier selon la quantité d'eau à évacuer mais dans tous les cas, le drain collecteur doit être d'un diamètre supérieur aux autres.

Pour disposer votre drainage dans votre terrain, creusez des tranchées. Au fond posez vos drains que vous pouvez protégez d'un grillage contre les rongeurs. Recouvrez ensuite d'un matériau filtrant comme le machefer par exemple qui laisse passer l'eau tout en retenant la terre qui pourrait obstruer les points d'écoulement. Montez ainsi jusqu'à 15 ou 20 cm de la surface. Terminez enfin en utilisant une terre légère assez proche de celle existante pour ne pas avoir des différences de végétation dans la pelouse.

Ne négligez pas le drainage même s'il vous paraît fastidieux. La mousse, que de nombreux propriétaires de gazon redoutent, est toujours due à un mauvais drainage. Alors ayez soin d'y attacher une importance.

LES MOUVEMENTS DU TERRAIN

Une pelouse réalisée avec des mouvements de sol est toujours plus esthétique et agréable à l'œil qu'un terrain plat. Profitez de la mise en état de la terre pour créer des formes par des légers vallonnements. Attention, pas de mouvements brusques. Ils doivent être souples et paraître naturels. N'oubliez pas que vous aurez à entretenir. A tondre surtout. Évitez aussi de masquer un point de vue. S'il y a des arbres existants ne remontez pas la terre à leur pied. Ne créez pas non plus des cuvettes artificielles qui leur seraient tout aussi néfastes. Une fois vos mouvements terminés, veillez à ce que la terre de couverture soit partout homogène pour éviter des différences de croissance ou de couleur dans le tapis vert.

Enfin, sachez que la hauteur moyenne de bonne terre pour obtenir d'excellents résultats doit être de 15 à 20 cm. Moins épaisse, la couche ne permettrait pas un enracinement profond. Le gazon serait alors beaucoup plus sensible aux variations climatiques, à la sécheresse, au froid.

LA NOURRITURE DU DÉPART

A moins d'avoir une terre très riche, il est sans doute utile d'apporter avant le semis une certaine quantité d'engrais. Si vous disposez de fumier décomposé ou d'un engrais vert, c'est-à-dire une végétation existante que vous allez enfouir, c'est parfait. Sinon, utilisez un engrais chimique de type « complet ». On nomme ainsi un engrais composé des trois éléments principaux : azote, phosphate et potasse. Ils sont caractérisés par trois chiffres qui se suivent : « 15-20-20 » par exemple, ce qui signifie qu'il y a 15 unités d'azote et 20 de phosphate et de potasse.

Lors de la création choisissez un engrais complet comprenant plus de potasse et de phosphate que d'azote. Cet élément est surtout utile aux plantes déjà germées. Ce sera un « engrais de fond » parce qu'il sera enfoui au labour. Une moyenne de 5 à 10 kg pour 100 m² est suffisante, à moins que le sol ne soit véritablement très pauvre. Auquel cas, vous pourriez doubler la dose.

LE LABOUR

Votre engrais a été répandu sur toute la surface de la future pelouse. Vous allez maintenant procéder au labour.

A la bêche. A moins d'en avoir une très grande superficie, le mieux est encore de le faire à la bêche. De cette manière, vous pouvez vous débarrasser des pierres, des débris de toutes sortes et surtout de la végétation existante qui repousserait immanquablement. Éliminez surtout toutes les racines suspectes. La lutte contre les « mauvaises herbes » débute dès le labour. Inutile de travailler trop profondément. Une vingtaine de centimètres suffit.

Si vous souhaitez faire un semis d'automne, retournez votre terrain quelques jours avant le semis. C'est la meilleure saison. Mais si votre sol est lourd et compact, vous avez intérêt à attendre le printemps pour semer. Vous profiterez de l'hiver pour labourer à grosses mottes votre jardin. Et vous le laisserez ainsi, sans le niveler, durant toute la période des grands froids. L'action du gel et du dégel va briser ces mottes et permettre ensuite une meilleure aération du sol. Profitez aussi de ce labour pour incorporer des éléments comme le sable ou la tourbe qui allègeront la terre. Vous ne nivellerez qu'au printemps juste avant le semis.

Le labour manuel permet de nettoyer

Au motoculteur. Si vous pensez que le labour manuel est trop pénible pour vous, vous pouvez utiliser le motoculteur. C'est plus difficile dans ce cas mais, là encore, vous devrez en profiter pour ôter tous les cailloux et les plantes adventives. Le labour provoque ce que l'on appelle le foisonnement. Il s'agit d'une augmentation de volume due au fait que la terre remuée s'aère et par conséquent donne une impression de quantité plus importante. Il faudra attendre que votre terre se soit tassée d'elle-même avant d'entreprendre la suite des travaux.

Sans qu'il y ait de gros mouvements de terrain à effectuer, votre sol peut être parsemé de légers creux ou de bosses. Profitez du labour pour l'égaliser. C'est plus facile à effectuer à ce moment-là qu'en exécutant le griffage ou le ratissage. Attention, lorsque vous apporterez un peu de terre dans un endroit, ne la déposez pas sur un sol compacté. Vous risqueriez d'obtenir une sous-couche relativement imperméable, sujette à des problèmes d'écoulement d'eau. Aussi, avant, labourez, même légèrement, cette zone à combler.

Votre terrain est maintenant proprement retourné, nettoyé, fumé, mis de niveau, vous allez pouvoir le « dresser ».

LE DRESSAGE

Il ne s'agit pas de rendre votre terrain docile et obéissant !, mais de le niveler correctement et finement pour qu'il soit prêt à recevoir les graines de gazon.

Selon la nature du sol vous avez deux ou trois opérations à effectuer. La première, obligatoire, est le griffage. La seconde, facultative, est un roulage et enfin la troisième, essentielle, consiste à ratisser proprement pour obtenir une surface fine, sans caillou ni pierre.

Le griffage

Il va consister à briser les mottes du labour avec une griffe. On obtient ainsi une terre très fine. Le griffage sert également à effectuer les derniers nivellements du terrain. Cette mise à niveau rectiligne est très importante en ce qui concerne l'entretien futur de la pelouse. Plus vous aurez un terrain plat, plus l'aspect du gazon sera régulier parce que les brins d'herbe seront tous coupés à la même hauteur. Au point de vue infiltration, la circulation de l'eau sera meilleure et également répartie. Donc ne négligez pas le griffage et apportez-y toute votre attention.

PASSAGES SUR GAZON

Prévoyez, lors de la préparation du terrain, l'emplacement de vos circulations. Faites qu'elles ne coupent pas brutalement l'aspect esthétique de votre tapis vert. Si vous choisissez un dallage, harmonisez-le avec la maison et la forme du jardin. Et ne faites ces passages qu'aux endroits très régulièrement fréquentés. Autrement évitez de toujours passer à la même place.

Une bonne préparation passe par le labour, le griffage et le ratissage

On se sert d'une griffe en allant d'avant en arrière et inversement de façon à pousser et à ramener la terre. On croise également les passes pour obtenir le meilleur dressage possible. Ne vous crispez pas sur votre outil, mais au contraire travaillez décontracté, le manche de la griffe coulissant librement dans l'une de vos mains. Petit à petit votre future pelouse va prendre forme.

Le roulage

Si vous avez un sol lourd, il va se tasser de lui-même après le labour et avant que vous le dressiez. Par contre, en présence d'un terrain léger, sableux par exemple, vous avez intérêt à procéder à un roulage avant le nivellement définitif et le semis.
Utilisez pour cela un rouleau à gazon. Les modèles sont nombreux mais son poids doit être de l'ordre de 80 à 100 kg. Il ne doit pas être plus lourd qu'une personne.
Commencez à rouler après avoir passé quelques coups de griffe pour égaliser le terrain. De façon à le tasser régulièrement faites des passages croisés. Vous saurez que votre sol est suffisamment tassé lorsque vos pas ne marqueront plus sur la surface. Évidemment ne marchez pas avec des talons fins ou des chaussures à semelles crantées !
Après ce roulage, décroûtez la surface du sol en repassant un très léger coup de griffe, toujours d'avant en arrière et inversement et en croisant les mouvements. Le roulage vous permet aussi de voir les défauts de niveau de votre terrain. Comblez les vides et effacez les bosses.
Un dernier conseil. Attendez que votre terre soit sèche pour rouler. Elle ne doit absolument pas coller sous peine d'obtenir un désastre.

Le ratissage

Voici la dernière opération de préparation du sol. C'est le coup de peigne final. Pour obtenir le meilleur résultat attendez que la terre

TERRAIN BIEN DRESSÉ

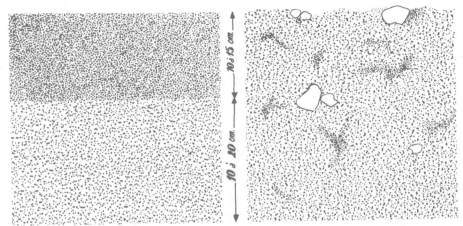

En haut : *Surface très finement émiettée*

En bas : *Zone aérée par le labour*

Mal nivelée, la pelouse sera difficile

à entretenir

soit assez sèche. Elle se travaille mieux et les quelques mottes qui resteraient se briseront plus facilement.

Le ratissage va vous servir à éliminer les derniers petits cailloux ou débris de la surface du terrain. Il va également vous être utile pour obtenir une terre très fine. Les graines de gazon sont très petites et ne germeront que dans un sol léger.

Sachez vous servir d'un râteau. Pensez que les deux côtés servent. Avec les dents vous allez briser les petites mottes, ramener les éléments inopportuns. Avec le dos vous allez fignoler le nivellement. Certains vont jusqu'à utiliser une longue règle plate pour être sûr de ne plus avoir ni creux ni bosses. Ce n'est peut-être pas utile d'en arriver là pour un jardin d'ornement, mais n'hésitez pas à vous pencher de temps en temps et surtout essayez d'acquérir, avec l'œil, la notion de rectitude. Comme avec la griffe, ratissez dans tous les sens, le râteau léger dans vos mains. N'ayez pas peur de vous y reprendre en plusieurs fois. Peu importe le temps mis, c'est le résultat final qui comptera.

A PROPOS DES ENGRAIS

Nous avons dit qu'il était souhaitable d'incorporer un engrais au moment de la préparation du terrain. On ne peut nier l'utilité d'une telle action. Mais attention, les gazons n'ont en réalité besoin d'être alimentés qu'une fois bien installés, c'est-à-dire au bout de 6 mois à 1 an. Il faut attendre que les racines soient suffisamment grandes pour puiser dans la terre leur nourriture. Or l'engrais que vous aurez mis au labour se sera sans doute délavé dans le sol. Aussi vous aurez intérêt à utiliser un engrais à décomposition très lente pour qu'il garde une action bénéfique le moment venu. Surtout si, dans le cas d'un terrain lourd, vous avez réalisé votre labour au début de l'hiver pour ne semer qu'en mars ou avril. Peut-être, dans ce cas, avez-vous intérêt à incorporer cet engrais dit « de fond » au moment du griffage. Auquel cas il est nécessaire de faire un premier passage plus profond pour mieux le faire pénétrer. Nous reviendrons sur ces problèmes d'alimentation dans le chapitre sur l'entretien.

Les travaux pénibles de préparation du sol sont terminés. Voici pour vous arrivé l'instant de *l'auguste geste du semeur*. Ne pensez pas pour autant que tout va s'arrêter et que vous allez enfin pouvoir jouir du plaisir de regarder poindre l'herbe, douillettement allongé. Ne relâchez pas votre attention. Au contraire, tout commence.

UN GAZON PEU CHARGÉ

Pour agrémenter votre pelouse vous souhaitez y planter des arbres ou des arbustes, y créer quelques massifs floraux. Un conseil : n'en mettez pas trop. Cela complique toutes les opérations d'entretien. Il faut sans arrêt manœuvrer avec la tondeuse. L'arrosage est différent selon les espèces. Des parasites peuvent s'y multiplier. Essayez de dégager au maximum votre tapis vert.

Le semis

Le terrain est propre, net, bien nivelé. Il est prêt à recevoir les graines que vous lui avez choisies. Apprenez à les répartir également sur le sol pour ne pas avoir de manques à la levée. Sachez doser correctement. Une fois en place protégez-les en les enfouissant très légèrement, ou mieux, en les recouvrant d'une fine pellicule de terreau, nourriture appropriée à une bonne levée. Tassez légèrement, avec un rouleau pour bien mettre en contact les graines avec la terre. Enfin, donnez-leur à boire. De cette eau qui va, tout au long de leur vie, leur apporter une nourriture puisée dans le sol.

QUAND SEMER ?

Nous avons écrit plus haut et c'est une règle générale : les gazons se sèment de mars à mi-juin et d'août à mi-octobre. Mais attention, de nombreux critères peuvent influer sur ces dates et il convient d'examiner plus attentivement la période propice à un bon semis.

Le climat

C'est lui qui va le plus diriger la date du semis. Deux principaux facteurs sont à retenir : l'eau et le froid.

Comme toutes les plantes, le gazon a un besoin important en eau. Elle lui permet de se nourrir et de véhiculer cette nourriture dans ses tiges et ses feuilles. En son absence, il risque donc de dépérir.

Un végétal étant surtout composé d'eau, le froid a une action destructrice sur lui. Il va geler ses cellules et à brève échéance l'éliminer totalement.

Évitez donc de semer en période de sécheresse ou de froid intense. Selon la région où vous habitez, ces saisons sèches ou froides sont plus ou moins longues. En zones côtières, le semis peut s'effectuer de février à juin et fin août à mi-octobre. Pour la région méditerranéenne, le problème est un peu différent et les périodes propices s'étalent de février à avril ou mi-mai et de septembre à novembre. En climat plus frais comme ceux rencontrés en altitude ou dans l'est de la France, le bon moment est de mai à juillet et de mi-août à septembre.

En résumé, pensez qu'un gazon doit avoir été semé quatre semaines à un mois et demi avant d'entrer dans une période de sécheresse ou de froid hivernal. Vos dates varieront donc chaque année, selon la saison.

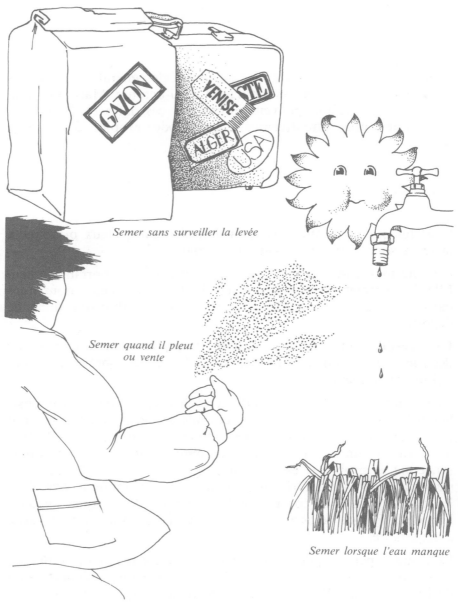

Semer sans surveiller la levée

Semer quand il pleut
ou vente

Semer lorsque l'eau manque

COMMENT ALLER A L'ÉCHEC

Le mélange

Nous avons vu que certaines espèces de graminées à gazon résistaient plus ou moins aux conditions climatiques. En fonction du mélange choisi, vous pourrez semer à des dates différentes. Des espèces lèvent en 10-12 jours alors que d'autres demandent de 2 à 3 semaines. Prenez pour base l'espèce la plus longue à germer pour calculer votre date de semis.

Le terrain

Pour pouvoir germer correctement, une graine a besoin de chaleur et d'humidité.
L'argile, si elle retient bien l'eau, est longue à se réchauffer.
Un sol sableux, au contraire, retrouve vite sa chaleur mais par contre s'assèche très vite. En conséquence, si vous disposez d'un terrain argileux, retardez de quelques semaines votre semis, même si le temps vous paraît doux. Et si vous sentez que les rayons du soleil se font de plus en plus cuisants, reportez votre semis à une date plus clémente si votre terre est légère.

GRAINES ET ÉTIQUETTES

Sur les emballages contenant les graines de gazon doit figurer obligatoirement l'indication du pourcentage des espèces entrant dans le mélange avec le nom de ces espèces et éventuellement des variétés. Une seconde étiquette, vignette officielle, doit attester que les semences contenues répondent aux normes officielles de pureté et de germination. C'est une garantie de bonne qualité. Faites-y attention et exigez ces indications.

Derniers conseils

C'est au moment de la levée que le gazon a le plus besoin d'être surveillé et soigné. Ne semez donc pas juste avant de partir en vacances en vous disant que tout sera réglé à votre retour.

Durant l'été, un jeune gazon a nécessairement besoin d'eau. Si vous êtes dans une région où les restrictions sont courantes, ne semez qu'en automne.

Ne semez pas lorsqu'il y a du vent ou de la pluie. Le vent éparpille les graines. L'eau risque de les entraîner dans certaines aspérités du sol. A la levée, vous aurez des zones dénudées et d'autres où la végétation sera trop dense.

COMMENT SEMER ?

La bonne dose

Il faut savoir doser correctement son semis. Avec une quantité insuffisante, la levée sera clairsemée et le terrain ne tardera pas à être rapidement envahi par toutes sortes d'herbes étrangères, difficiles à éliminer par la suite. Au contraire, un semis trop dru donnera une levée abondante où les espèces et s'étoufferont.

PALLIATIFS DÉCORATIFS

On peut modifier la nature d'un terrain pour y implanter une pelouse. Ne tentez pourtant pas l'impossible si le sol est continuellement humide ou trop peu aéré. Prolongez votre tapis vert là où il a bien poussé par la plantation de plantes couvre-sol comme l'hypéricum, le lierre, la pachysandra, la sagine... Elles seront souvent d'un meilleur effet décoratif.

Cette quantité va également varier en fonction de la nature des espèces entrant dans le mélange. Les espèces très fines ont un nombre de graines au gramme plus important que le ray-grass par exemple. En conséquence, on peut en semer moins pour une même couverture. Ces considérations prises en compte, sachez que la dose à semer varie entre 30 et 50 g au mètre carré, soit 3 à 5 kg à l'are.

De plus, vous pouvez aussi varier la quantité selon les zones ensemencées. Près de la maison, d'un lieu de repos ou de passage vous avez intérêt à semer plus dru pour obtenir un bel effet à l'œil. Par contre, en vous éloignant d'un pôle d'attraction, la dose peut être moins importante, le seul résultat désiré étant d'avoir une couverture verte du sol. Dans certaines parties éloignées ou délaissées du jardin, vous pouvez vous contenter d'une quantité de 20 g au mètre carré. Le tout est d'éviter d'avoir une coupure nette entre chaque partie où les choses seront différentes. Faites donc un dégradé.

Le bon geste

De la façon dont les graines sont réparties sur le sol dépend l'aspect futur de la pelouse.

Si vous avez un grand terrain vous pouvez utiliser un semoir mécanique. Dans ce cas attention à ce que chaque passage se juxtapose mais ne se recouvre pas. Il ne faut pas laisser de manque, ni doubler la dose par un chevauchement.

Le plus simple est encore le semis à la volée. Pour le pratiquer suivez ces quelques conseils.

En premier lieu divisez votre terrain en bandes régulières et croisées en posant des jalons tous les 4 ou 5 mètres.

Ensuite divisez en deux la quantité totale des graines à semer.

Prenez l'une des moitiés et semez-la à la volée en passages, aller et retour, dans l'un des sens du terrain. Puis, avec la seconde moitié procédez de même, mais perpendiculairement à vos premiers semis. Ainsi vous serez à peu près sûr d'avoir recouvert la totalité du sol sans avoir surdosé ou laissé des vides. Aidez-vous des jalons

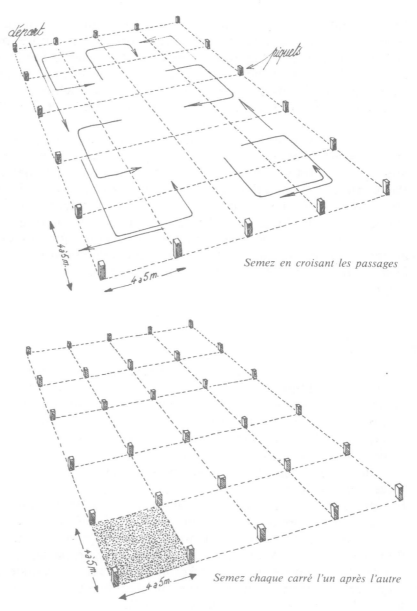

Semez en croisant les passages

Semez chaque carré l'un après l'autre

POUR BIEN RÉPARTIR LES GRAINES DE GAZON

pour aller droit et garder les mêmes espacements entre vos passages.

Si vous êtes véritablement peu habile pour le semis à la volée en marchant, vous pouvez adopter une autre solution.

Elle consiste à diviser votre terrain en carrés de 2 à 3 mètres de côté et ensuite à préparer autant de paquets de graines qu'il y a de carrés. Les surfaces étant ainsi petites, il vous sera plus facile de répartir équitablement les graines.

Seulement attention, plus vous allez diviser votre terrain, plus vous risquez des recouvrements de zones et par conséquent des bandes surdosés. Vous vous en apercevrez bien vite à la levée. Mais n'ayez crainte, cela s'effacera à la longue avec les tontes, les fumures et les regarnissages.

Il existe enfin une dernière astuce qui consiste à mélanger aux graines de gazon un peu de sable, de façon à augmenter le volume à semer. Cela tient mieux dans la main et peut aider à mieux répartir les semences.

Un dernier conseil : dans votre composition il y a des graines plus lourdes que d'autres. Remuez-les correctement avant et pendant le semis pour obtenir un mélange homogène. Les grosses graines se retrouvent toujours au fond du sac ou du seau. Et ne semez pas sur des largeurs trop grandes ou par temps venteux. Les graines les plus légères se trouveraient emportées plus loin et la répartition serait irrégulière.

Le filet

Pour bien délimiter votre pelouse et préparer les découpes autour des massifs ou le long des allées, vous allez faire, au moment du semis, ce que l'on nomme un filet.

Avec le dos du râteau tracez tout autour de ce futur tapis vert, une très légère rigole, de quelques millimètres de profondeur. Cette marque sera la limite du gazon. De plus, elle recueillera et stoppera les graines qui pourraient être poussées soit par le vent, soit par les eaux de ruissellement de pluie ou d'arrosage. Enfin, à partir de cette rigole et en allant vers l'intérieur du terrain, vous allez semer plus dru sur une largeur de 3 à 5 cm. Ainsi, après levée, vous aurez une délimitation bien claire de votre gazon. De plus, ce semis intense aura tendance à donner plus de consistance à la bordure. Vous pouvez aussi réaliser des contre-filets, semis intermédiaires entre le filet et la pelouse proprement dite, réalisant ainsi un dégradé du meilleur effet.

Pour obtenir des délimitations bien droites ou avec une courbe harmonieuse, nous vous conseillons d'utiliser un cordeau et de nombreux petits piquets.

LA PROTECTION DES GRAINES

Une fois semées, vos graines doivent être protégées.
Pour cela, vous avez deux opérations au choix : l'enfouissage ou le terreautage.

L'enfouissage

Pour assurer la levée de votre semis et éviter qu'il ne soit attaqué par les oiseaux, amateurs de graines, ou par le vent et la pluie, il va

---

PELOUSE FLEURIE

Pour avoir une pelouse jolie avant même qu'elle ait repris sa croissance, plantez-y à l'automne des bulbes que vous laisserez en place. Ils s'y multiplieront seuls chaque année. A la première tonte du printemps vous couperez fleurs et feuilles fanées. Choisissez des variétés hâtives. Les perce-neige, crocus, muscaris et narcisses sont du plus bel effet. Les jacinthes et les tulipes viennent souvent trop tard.

être nécessaire de l'enfouir dans le sol. Cela ne pose aucun problème si vous avez correctement dressé votre terrain et obtenu une terre très fine en surface. Cette opération se pratique avec le râteau. On passe très légèrement les dents de cet outil sur le semis en croisant les mouvements. Attention, les graines ne doivent qu'être très légèrement enterrées. De l'ordre de 2 à 3 millimètres seulement. Ayez la main légère en évitant les mouvements brusques.

Le terreautage

Si vous ne vous sentez pas suffisamment adroit, ou si vous possédez du terreau, la meilleure des opérations à effectuer après un semis est le terreautage.
Celui-ci a deux actions bénéfiques : il sert à recouvrir les graines et en plus apportera en surface des éléments nutritifs. Mais il peut y avoir un « revers de la médaille ». Pour mettre ce terreau en place, il va falloir l'épandre de façon très régulière sur une épaisseur très fine, de l'ordre de 2 à 3 millimètres, comme pour l'enfouissage. Il est entendu que ce terreau aura auparavant été débarrassé des cailloux ou débris qu'il contenait et finement tamisé. Et chose plus grave de conséquences, vous risquez d'apporter à votre semis des graines de « mauvaises herbes » qu'il vous faudra éliminer par la suite.

LE ROULAGE

Les graines ne germeront bien que si elles sont en contact sur toute leur surface avec la terre. Pour y parvenir il n'y a qu'une solution : tasser après le semis.
Selon la surface du terrain utilisez soit une batte, soit un rouleau, même si vous avez déjà, avant le semis, tassé la terre avec. Le but n'est pas le même. Il ne s'agit là que d'appliquer les graines contre

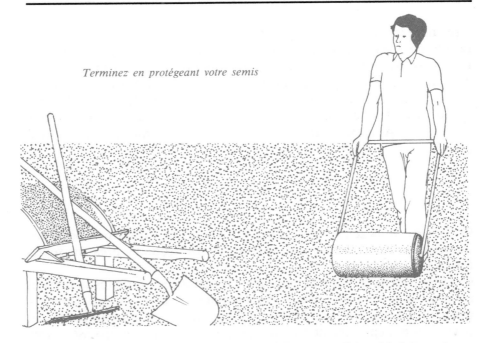

Terminez en protégeant votre semis

le sol. Le poids de votre rouleau ne doit pas excéder 80 kg environ. Si vous le passer correctement, il est inutile de croiser. Trop tassé, vous fermeriez l'aération du sol.

Pour effectuer cette opération, il est nécessaire que la terre ou le terreau soient bien secs. Sinon vous soulèveriez des graines avec le sol et la répartition perdrait de sa régularité. Si vous vous apercevez que le terrain est trop humide, attendez un jour ou deux pour rouler. Sinon il est préférable de reporter le semis de quelques jours en attendant de bonnes conditions.

L'ARROSAGE

Pour aider ou activer la germination dans les sols séchant rapidement, il est bon de mouiller la terre. Il est nécessaire, pour cela, de prendre toutes les précautions pour éviter le ruissellement et les ravinements.

Si la surface est petite utilisez un arrosoir avec une pomme, ou bien une rampe percée de trous de petit diamètre. Évitez ensuite d'arroser d'une trop grande hauteur. Enfin l'eau doit pénétrer instantanément dans le sol pour éviter le déplacement des graines.

Dans le cas d'un arrosage après semis, il est toujours préférable de mouiller par petites quantités une à deux fois par jour plutôt qu'abondamment en une seule fois. Cela empêchera la terre de « croûter » en surface, ce qui serait néfaste aux jeunes plantules. Attention de ne pas utiliser une eau trop calcaire qui formerait une pellicule en surface, elle aussi gênante pour la levée.

Sur les surfaces plus grandes vous pouvez vous servir d'arroseurs à condition d'obtenir une pluie très fine. Là encore évitez de mouiller trop copieusement pour que l'eau ait le temps de pénétrer directement dans le sol. Méfiez-vous lors du déplacement de vos arroseurs. N'entraînez pas la terre et les graines avec vos pieds ou le traîneau de l'appareil, le sol devenant collant une fois mouillé.

Enfin si vous vous apercevez de la présence de rosée le matin, il est inutile de songer à arroser, même si le sol s'assèche en surface dans la journée. Il se réhumidifie la nuit ce qui est suffisant, tout au moins pour les premières semaines de croissance de votre gazon.

Voici terminées les opérations de choix, de préparation et de semis d'un gazon. Si vous avez su suivre nos conseils vous avez toutes chances d'obtenir une excellente levée. Mais faire pousser du gazon

GARE AUX TACHES

Si votre gazon présente à la levée des taches de couleurs différentes du reste, alors que le mélange est homogène, recherchez la cause dans la nature du terrain. Les parties plus sombres viennent d'un sol plus riche, alors que celles plus jaunes résultent d'un manque de nourriture. On peut s'en apercevoir lors de la création à la couleur de la terre. On y remédie avec la fumure.

n'est en réalité pas très compliqué. Ce qui l'est plus, c'est l'installer définitivement. En guise de conclusion de ces opérations et en introduction au chapitre suivant, nous pourrions dire que nous n'avons effectué que la moitié du travail, même si les tâches les plus dures sont terminées. L'entretien, à lui seul, vaut autant que toute la préparation et le semis réunis. Gardez votre souffle et votre courage.

Nous y voilà. L'enfant est né, il faut l'élever. Le gazon est sorti de terre. A vous maintenant de lui donner toute votre attention en lui apportant tous les soins qui lui seront nécessaires pour sa longévité.

L'entretien

Le semis n'a que quelques jours et déjà la terre se couvre de verdure. Bientôt la première coupe. Celle qu'il faut soigner. C'est le départ d'une longue série d'opérations essentielles pour assurer la longévité du gazon. Tontes, arrosages, désherbages, fumures, aérations, toutes ont leur importance. Ne croyez pas qu'un beau gazon pousse seul. Tout comme le potager ou le verger, il a besoin d'une attention constante. Sachez vous organiser pour l'entretenir. Ne vous laissez pas distancer par le temps. Le jardinage doit être un plaisir et non une corvée.

LES PREMIERS SOINS

L'arrosage

Il n'a peut-être pas été nécessaire de mouiller au semis, la terre étant suffisamment humide. Mais la sécheresse vient d'arriver et la terre demande de l'eau. N'hésitez pas à lui en donner. Nos conseils sont les mêmes que ceux que nous avons écrits dans le chapitre précédent : un arrosage en pluie très fine, par petites quantités pour éviter le ruissellement et le déplacement des graines. Si les nuits sont encore un peu fraîches, mouillez de préférence le matin. Donnée le soir, l'eau se refroidirait la nuit et retarderait la croissance des jeunes plantules. Par contre si les journées sont chaudes, arrosez le soir pour éviter une trop grande évaporation.

La première coupe

Votre semis a maintenant atteint une dizaine de centimètres de hauteur. Le jour de la première tonte est arrivé. C'est une opération qu'il convient de soigner particulièrement. Les jeunes plantes sont à peine enracinées, il faut donc leur apporter beaucoup de soins.
L'idéal n'est pas de tondre mais de faucher, avec un outil très bien affûté. Ce n'est pas toujours possible et il faut aussi avoir une grande pratique de la faux pour travailler correctement.
Deuxième possibilité : utiliser une tondeuse à couteaux hélicoïdaux. Ces lames travaillent comme des paires de ciseaux et coupent net, sans arracher. Mais ce n'est peut-être pas le type de tondeuse que vous avez choisi.
Dernière solution : l'appareil à lame rotative qui vous sert à entretenir correctement votre pelouse. Il faut alors faire très attention, car ce système a légèrement tendance à tirer sur les brins d'herbe et, par conséquent, à les déraciner. Vous aurez pris bien soin, avant, d'affûter votre lame. Elle doit être comme une lame de rasoir. Ne tondez pas si l'herbe est mouillée. Réglez aussi la

La première fois, fauchez pour ne pas arracher

hauteur de tonte à 5 ou 6 cm. Pour les entretiens futurs vous pourrez descendre cette hauteur. Mais la première coupe doit être réalisée plus haute. Enfin ramassez vos brins d'herbe. Ils sont plus néfastes qu'utiles sur un très beau gazon.

HERBE COUPÉE

Si la tonte est obligatoire, le ramassage des coupes n'est pas toujours nécessaire. Certains disent même qu'elles fertilisent le sol. Mais attention, il y a des espèces qui se dégradent assez lentement. Il en est ainsi de la fétuque rouge. Vous risquez d'obtenir un « paillasson ». Aussi un conseil : ramassez toujours l'herbe coupée. Et pour fertiliser préférez les engrais ou mieux le terreau.

Le roulage

La première coupe a tendance à déchausser légèrement les jeunes plantes. Passez un coup de rouleau si votre tondeuse n'en est pas munie. Inutile de croiser vos passages vous risqueriez de trop tasser le sol et d'écraser le gazon. Vous pouvez même utiliser un rouleau plus léger que celui qui vous a servi au semis. Il ne s'agit juste que de remettre en contact les jeunes pieds avec le sol.

Le désherbage

En même temps que votre gazon, il y a des chances pour que lèvent quelques pieds de plantes indésirables. Commencez dès maintenant à les ôter. Comme elles ne sont pas trop nombreuses, faites-le manuellement. Pour cela le meilleur instrument est la gouge à asperge. Elle vous permet d'attraper la plante entièrement

Arrachez sans attendre la montée à graine

avec ses racines. A défaut servez-vous d'une grande fourchette. Notez qu'il est primordial d'extraire parties aériennes et souterraines. Et surtout n'attendez pas que cette mauvaise herbe fleurisse et monte à graine. Ce serait la catastrophe ! Il est facile de reconnaître les mauvaises herbes dans un jeune gazon, car les feuilles des graminées sont plutôt allongées alors que celles des herbes que vous souhaitez éliminer sont d'une autre forme, souvent arrondie. Enfin, si par malheur votre jeune semis est envahi par une trop grande quantité de mauvaises herbes, il reste la possibilité d'utiliser un désherbant pour gazon. Mais cela ne doit venir qu'en dernier ressort. Essayez, avant, de lutter plus naturellement. N'hésitez pas à passer tous les 2 ou 3 jours sur votre nouveau tapis vert.

LES TONTES

Après la première coupe, vous allez tondre régulièrement votre gazon. Des opérations d'entretien, la tonte est sans doute la plus importante parce que nécessaire à la croissance de la pelouse. Par la tonte vous allez provoquer l'épaississement du gazon par le phénomène de tallage. Plus vous tondrez, plus votre gazon s'épaissira et couvrira le sol. Et plus votre sol sera couvert moins vous aurez la chance de voir s'y développer d'autres plantes.
Un autre avantage de la tonte : l'élimination des mauvaises herbes. Hormis certaines graminées comme le chiendent qui peut lui aussi être indésirable, les plantes que l'on dit « mauvaises » n'ont pas de phénomène de tallage. Ainsi en tondant régulièrement, vous allez empêcher leur croissance et leur reproduction, et à brève échéance favoriser leur disparition.

Quand tondre ?

Il n'y a pas de règle générale, tout dépend des espèces végétales semées. Certaines ont une croissance rapide comme le ray-grass, d'autre plus longue comme la fétuque ovine. Pour une pelouse constituée d'un mélange rustique, on peut dire que l'idéal est de tondre tous les 5 à 6 jours soit environ 3 fois par quinzaine.

Attention, la fréquence varie également avec la saison. Au printemps, avec le départ de la végétation, l'humidité du sol et la chaleur, l'engrais que vous avez épandu, le gazon va croître rapidement. Un passage avec la tondeuse tous les 5 jours sera sans doute nécessaire. Mais dès que viendront les grosses chaleurs estivales, vous pourrez réduire la cadence à 8 ou 10 jours.

A l'automne, on assiste souvent à un redémarrage des plantes et il est parfois nécessaire de tondre plus souvent. Sachez que les espèces à feuillage fin doivent être tondues plus souvent que celles à feuilles plus larges. Enfin la période de tonte va de mars à octobre avec des variations d'une à deux semaines selon le temps et la zone climatique où vous vous trouvez.

Comment tondre ?

On ne tond pas de la même façon tous les gazons. Les espèces à feuillage fin seront, en principe, coupées plus ras que les autres. Pour les premières une hauteur de 2 à 3 cm du sol est idéale. Pour les secondes, on n'a pas intérêt à descendre en dessous de 4 à 5 cm. La saison fait aussi varier la hauteur de coupe. Au printemps, lorsque la croissance est importante, on peut tondre assez ras. Mais dès que les chaleurs arrivent, la végétation ralentit et les conditions de vie deviennent plus dures. On remonte alors la hauteur de coupe. Une herbe trop courte supporte plus difficilement le manque d'humidité. Ce qui ne veut pas dire qu'on doive laisser le gazon non tondu. L'évaporation par les feuilles serait alors plus importante et le résultat négatif. Pour une pelouse rustique, des hauteurs de 3 à 5 cm au printemps et 5 à 7 cm en été sont des bonnes moyennes. A l'automne on peut redescendre la coupe. Mais avant l'hiver, les dernières tontes seront plus hautes pour que la pelouse soit bien protégée durant les froids.

Lorsque vous tondez votre gazon, évitez de le faire toujours dans le même sens en passant aux mêmes endroits. Par votre piétinement, vous allez créer des zones plus tassées qui risquent de s'apercevoir à

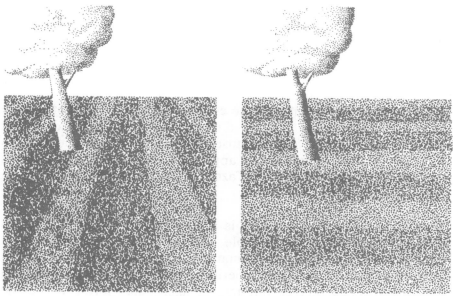

Changez de sens pour éviter le tassement du sol

la longue. De plus la tonte à tendance à coucher l'herbe. Celle-ci se relève après, bien sûr. Mais en passant à chaque fois dans un sens différent, vous favorisez une croissance plus régulière. En résumé, commencez à couper votre gazon à partir d'un endroit différent à chaque fois.

Le ramassage des coupes. Si vous tondez très souvent, c'est-à-dire tous les 3 ou 4 jours, cela n'est pas nécessaire, la quantité de coupes n'étant pas importante. Mais dans tous les autres cas, nous vous conseillons de ramasser les débris de l'herbe. Il existe des tondeuses sans éjection dont la publicité dit que les coupes vont servir à fumer le terrain. Encore faut-il que ces coupes soient finement broyées. De plus, si elles ne se décomposent pas rapidement, ce qui ne peut se faire que sous certaines conditions climatiques, vous risquez d'obtenir un paillis qui sera plus néfaste qu'utile. Ce type d'appareil est destiné à ceux qui passent leur temps à tondre. En règle générale, ramassez vos coupes de gazon. Mettez-les au tas de compost. Vous obtiendrez un terreau que vous pourrez épandre au printemps. L'effet n'en sera que meilleur.

LA NOURRITURE

Les engrais

On dit aussi la fertilisation. Elle est nécessaire quelque soit le type de gazon choisi. Les racines d'une pelouse ne descendent pas profondément et arrivent à épuiser rapidement la couche superficielle du sol. Vous devrez donc apporter chaque année les éléments nutritifs dont il a besoin : l'azote, l'acide phosphorique et la potasse.

L'azote. Il est surtout destiné à la partie foliaire du gazon. C'est un élément rapidement assimilable par la plante. On peut donc l'apporter pour une « consommation immédiate ». Cette fertilisation se fait surtout pendant la période de végétation, c'est-à-dire au printemps. Vous pouvez donner cet azote sous forme de sulfate d'ammoniaque. Du fait de la dissolution rapide de l'azote, vous avez intérêt à fragmenter les épandages. On trouve de plus en plus, dans le commerce, des engrais azotés sous forme dite « retard ». La décomposition est plus lente et l'azote restitué pendant une durée plus longue. Vous pouvez vous contenter de n'en donner qu'une fois au début du printemps avec une dose plus importante. Comme il est de plus en plus difficile de pouvoir composer soi-même sa

---

CONNAISSANCE DE L'ENGRAIS

« 10-15-10 » sur un sac d'engrais signifie que pour 100 g de cet engrais il y a 10 g d'azote (N), 15 g d'acide phosphorique (P) et 10 g de potasse (K). L'analyse de terre vous indiquera quelles sont les quantités de chaque élément à incorporer à votre sol. Si les trois éléments N, P et K sont réunis dans le même sac d'engrais, celui-ci est dit complet.

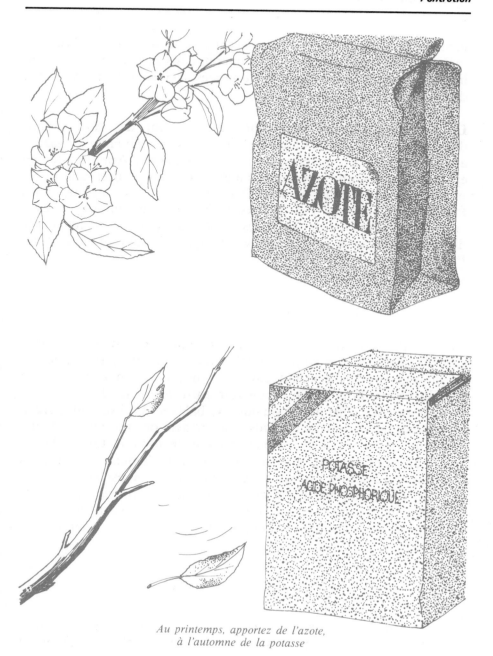

Au printemps, apportez de l'azote,
à l'automne de la potasse

formule fertilisante, nous vous conseillons de vous tourner vers les mélanges tout prêts que vous trouverez dans le commerce spécialisé, en suivant les indications données, celles-ci pouvant varier d'un fabricant à l'autre.

La potasse et l'acide phosphorique. Ce sont des fertilisations d'automne. Ces éléments favorisent la croissance générale du gazon, au niveau racinaire et bonne tenue de la plante. Apportez-les en épandage, après une opération d'aération, pour assurer une pénétration correcte dans le sol. Dans tous les cas, lorsque vous fertilisez, ne surdosez pas. Respectez les quantités indiquées. Certains jaunissements de pelouses sont dus parfois à des excès d'engrais. Le gazon est un être vivant qui a besoin de nourriture. Pas de gavage.

Le terreautage

Cette pratique ancienne garde toute sa valeur au chapitre nourriture du gazon. Il se pratique au début du printemps, juste au départ de la végétation. On le fait par épandage d'une épaisseur de 2 à 3 millimètres. Pour le faire pénétrer entre les brins d'herbe, vous pouvez ratisser légèrement ou mieux, balayer. Utilisez un terreau bien décomposé, finement tamisé, débarrassé des pierres ou débris végétaux de toutes sortes. Vous seriez gêné pour la tonte. Attention : en apportant du terreau vous risquez d'amener des graines étrangères au gazon. A vous de savoir de quoi est composé ce terreau. Le mieux est d'utiliser un terreau de feuilles, celui d'anciennes couches par exemple. Le terreau réalisé à partir de détritus végétaux a plus de chances de contenir des mauvaises herbes.

LES ARROSAGES

Comme tout être vivant, le gazon a besoin d'eau pour croître. Sachez déjà que votre pelouse est constituée de plantes contenant

70 à 80 % d'eau. Ce liquide a deux fonctions principales : dissoudre les éléments fertilisants contenus dans la terre et les véhiculer à l'intérieur du végétal. C'est dire l'importance de l'arrosage.

Quand arroser ?

Opérez dès que la croissance démarre et durant toute la période de végétation. Au printemps, les arrosages ne se font que s'ils sont nécessaires. La rosée du matin suffit souvent à assurer une humidification correcte. Ce n'est que dès que l'été arrive que les véritables problèmes peuvent se poser. L'idéal est d'arroser avant que le besoin se fasse réellement sentir, mieux vaut prévenir que guérir. Dans le cas de restriction de l'eau ou d'épuisement des réserves, il peut être préférable de stopper carrément l'arrosage, quitte à voir la végétation s'arrêter plutôt que d'arroser de temps en temps, la croissance en dents de scie n'étant pas possible.

Sauf pour les jeunes semis que nous avons vus précédemment, il est toujours préférable d'arroser le soir, voire la nuit, plutôt que le matin ou dans la journée. Pendant cette période l'évaporation est importante et l'eau que vous apportez est immédiatement restituée sans que la plante ait pu en absorber. Au contraire, en arrosant le soir ou la nuit, l'eau pénètre bien dans le sol et les racines ont le temps de la puiser avant qu'elle ne s'évapore.

GAZON GELÉ

Lorsque la pelouse est gelée ou recouverte de neige, abstenez-vous de marcher dessus. Au printemps, ces passages laisseront une trace d'herbe jaunie. Si vous ne pouvez éviter de vous déplacer dessus, posez des planches pour créer une circulation sans dommage pour l'herbe.

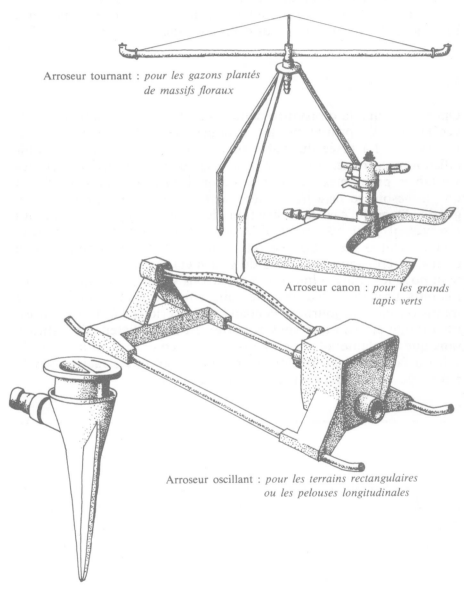

Arroseur tournant : *pour les gazons plantés de massifs floraux*

Arroseur canon : *pour les grands tapis verts*

Arroseur oscillant : *pour les terrains rectangulaires ou les pelouses longitudinales*

Arroseur fixe : *pour les petites surfaces*

Comment arroser ?

Sachez qu'il faut arroser copieusement et le plus souvent possible. Copieusement parce que vous favoriserez un enracinement profond et par là une meilleure protection du gazon. Le plus souvent possible parce que le maximum des racines se trouvant dans les 5 à 8 premiers centimètres, cette zone est la plus sensible aux variations hygrométriques.

Les moyens pour arroser sont nombreux, depuis l'arrosoir jusqu'aux installations souterraines les plus sophistiquées. A vous de choisir la méthode en fonction de vos moyens et de la pression d'eau dont vous disposez dans vos canalisations, les différents types d'arroseurs demandant parfois des pressions élevées pour fonctionner correctement. Nous verrons cela dans la panoplie du gazon.

L'AÉRATION

Le piétinement, les passages répétés de la tondeuse, l'arrosage copieux : de bonnes raisons pour provoquer un tassement du sol. L'effet immédiat sera une asphyxie des racines et le dépérissement de la plante. D'où l'utilité de réaliser une opération appelée aération.

RÉGIME SEC

En cas de grande sécheresse il vaut mieux arrêter complètement les arrosages. Qui a bu, boira, dit-on. C'est vrai pour le gazon. Si vous commencez à lui donner de l'eau, il ne faudra plus vous arrêter sous peine de le voir se détruire irrémédiablement. Privez-le dès le début de cette eau. Il prendra certainement un aspect jaunâtre mais la période de disette terminée, il retrouvera vite sa couverture verte.

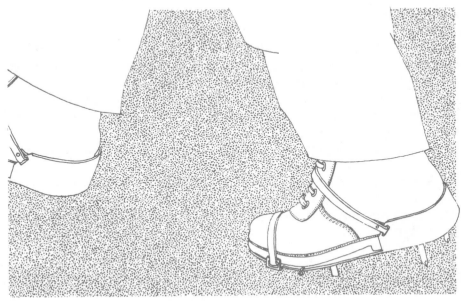

Pour que l'eau et la nourriture pénètrent

Elle consiste à perforer la surface de la pelouse au moyen d'appareils manuels ou mécaniques. Tout dépend de la surface à traiter. Si votre terrain est de petite taille, moins de 100 m², vous pouvez utiliser une fourche. Mais le travail est long et fastidieux. Il faut percer des trous sur toute la surface ce qui demande un certain temps. Pour les terrains plus grands il existe soit des patins munis de pointes que vous chaussez et avec lesquels vous aérez le sol tout en suivant la tondeuse, soit des appareils, sortes de rouleaux munis de crampons, que l'on tire à la main ou derrière un engin motorisé. Mais quelque soit l'outil utilisé, le résultat sera le même : faire des trous. Ceux-ci permettront à l'air de pénétrer dans le sol et favoriseront l'introduction au niveau des racines de l'eau et des engrais.

Plus votre terrain est de nature à se compacter facilement, plus vous devez pratiquer cette opération.

Elle s'effectue à deux périodes : au printemps pour accentuer le démarrage de la végétation et à l'automne, après une saison de soins, au moment où l'on apporte les engrais destinés à la partie souterraine du gazon. Dans les terrains très lourds vous pouvez faire une aération supplémentaire en cours de saison.

Vous pourrez profiter, dans les terrains argileux, de cette aération pour alléger le sol en épandant un peu de sable ou de tourbe qui viendront combler les trous. Vous favoriserez ainsi la circulation de l'eau.

LA SCARIFICATION

Si vous observez un peu de « feutrage » dans votre pelouse, ou si vous constatez que la végétation est trop dense, dans un gazon ancien par exemple, vous pouvez pratiquer une scarification.

Celle-ci s'opère au moyen d'un outil spécial, sorte de râteau à dents coupantes. On le promène sur le tapis vert et ses dents coupent les touffes de gazon, favorisant ainsi le départ des nouvelles plantes. En même temps vous éliminez les petits débris, la mousse éventuelle. Vous rajeunissez en quelque sorte votre plantation. Enfin la scarification sert également d'aération.

Cette opération, sauf dans des cas très particuliers, ne s'effectue pas chaque année. Elle devient de plus en plus nécessaire au fur et à mesure que la pelouse vieillit.

LE ROULAGE

L'hiver, le gel et le dégel ont tendance à briser la couche superficielle du sol, à le soulever et à déchausser les plantes. Pour bien replaquer le sol il est nécessaire de procéder à un roulage. Utilisez un rouleau à gazon dont le poids n'excède pas 80 à 100 kg. Passez cet appareil une fois la première tonte de la saison réalisée. En cours d'année, le roulage n'est pas nécessaire car vous risqueriez alors de trop tasser le sol et d'asphyxier les racines surtout si votre terrain est lourd. Il existe toutefois des tondeuses munies d'un petit rouleau arrière. Celui-ci n'a pour but que de rechausser les plantes que la tonte aurait pu soulever. Mais il a souvent tendance à favoriser le feutrage et ne sera donc utilisé que si vous pouvez apporter des soins constants à votre pelouse.

LES TRAVAUX OCCASIONNELS

Certains travaux ne sont pas nécessaires à la bonne végétation d'un gazon. Ils ont cependant leur utilité soit pour parfaire le côté esthétique d'une pelouse, soit pour remplacer un coin trop dégradé. Il en est ainsi des découpes ou du regarnissage par semis ou placage.

Les découpes

Pour souligner un massif ou une allée, et surtout parce que les abords d'une pelouse ont souvent tendance à s'écraser, vous devrez 2 ou 3 fois par an faire des découpes. Il s'agit de dresser des bordures bien rectilignes qui délimiteront bien le gazon. Utilisez pour cela un cordeau avec des piquets, pour obtenir des droites ou des courbes régulières, et une bêche. Le long de ce cordeau donnez des petits coups de bêche pour bien « découper » votre pelouse. Ces découpes iront au tas de compost pour constituer un excellent terreau. Après chaque tonte vous n'aurez plus qu'à suivre cette découpe avec le taille-bordures pour fignoler le travail.

Le regarnissage

Pour une raison ou une autre, votre pelouse peut se trouver dégarnie par places. Si les dégâts ne sont pas trop importants vous pouvez procéder à un « re-semis ». A l'aide d'une griffe ameublissez en surface sur 2 à 3 cm d'épaisseur le sol laissé nu. Puis semez un peu de gazon en ayant soin d'utiliser le même mélange que la composition déjà en place. Terreautez légèrement avant de donner un coup de placage avec un rouleau. Un très léger arrosage terminera le travail.

Le placage

Si les vides dans la pelouse sont trop importants vous avez intérêt à « plaquer » du gazon. Celui-ci a auparavant été préparé dans un coin du jardin. Vous pouvez aussi acheter dans le commerce des plaques de gazon toutes prêtes. Préparez le terrain en découpant, selon une forme régulière, carré ou rectangle, la zone à réparer. Ensuite décaissez sur quelques centimètres (4 ou 5) le sol, c'est-à-dire creusez l'emplacement dans lequel seront posées les plaques. Griffez le fond de cette dépression avant de le regarnir sur 2 ou 3 cm de sable ou de terreau très fin. Ceci pour assurer une bonne

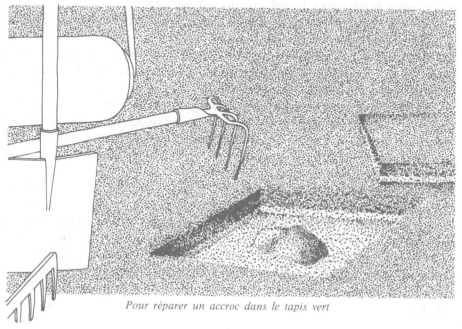

Pour réparer un accroc dans le tapis vert

reprise aux plaques de gazon pré-cultivées. Il ne vous reste qu'à poser ces plaques en les ajustant le mieux possible. Terminez le travail en roulant et en arrosant copieusement. Après quelques semaines, votre « reprise » ne devrait plus se voir.

LA FRÉQUENTATION D'UNE PELOUSE

Dès le départ vous avez choisi le type de gazon en fonction duquel vous savez s'il supporte plus ou moins les piétinements. Mais en dehors de cela il est des règles à respecter :
— Ne marchez jamais sur un gazon gelé. Encore moins s'il est recouvert de neige. Ces endroits jauniront au printemps.
— Évitez de piétiner une pelouse lorsqu'elle est détrempée : on tasse plus facilement le sol ce qui est néfaste.
— Empêchez votre chien d'aller faire ses besoins sur le gazon. L'urine a tendance à le faire jaunir.
— Ne tondez pas si l'herbe est mouillée : l'herbe est ramollie et se tond mal, les coupes s'amalgament en paquets. Le résultat du travail est toujours de mauvais effet.
— Si vous avez été nombreux au cours d'une journée de plein air à piétiner la pelouse, évitez d'y retourner et laissez-la se reposer et se redresser pendant 1 ou 2 semaines. Ne renouvelez pas trop souvent ces festivités. Nous ne sommes pas en Angleterre où le climat permet de telles pratiques.
Vous voilà maintenant devenu un maître du gazon. N'y voyez aucune prétention, mais si vous suivez pas à pas tous les conseils que nous vous avons donnés pour la préparation, le semis et l'entretien, vous aurez toutes les chances d'avoir le plus beau tapis vert que vous puissiez souhaiter. Nous avons volontairement passé sous silence la lutte contre les mauvaises herbes. Celle-ci sera traitée dans notre dernier chapitre consacré aux parasites du gazon.

La panoplie du gazon

Une bonne organisation, voilà un des secrets de la réussite. Aidez-vous en vous équipant comme il faut. Sachez vous outiller. Toutes les opérations de création et d'entretien exigent un matériel adapté. Constituez votre panoplie pour vous faciliter la tâche. Choisissez-la en rapport avec la surface, la nature du gazon. Il vous faut une tondeuse, des balais, des râteaux, un aérateur, un épandeur d'engrais, un appareil de traitement pour le désherbage, d'autres encore pour les découpes, les bordures...

LES OUTILS MANUELS

Ce sont ceux uniquement mus par la force de vos bras, ou de vos jambes.

Pour la préparation

Le premier travail que vous allez effectuer est le labour du sol. Selon la surface vous utiliserez une bêche ou un motoculteur. Il vous faudra ensuite une griffe et une pelle pour niveler correctement le terrain. Enfin vous fignolerez avec un râteau. Peut-être aurez-vous besoin d'un rouleau pour tasser un sol trop léger.

Le motoculteur. A moins d'avoir un potager, il n'est pas d'une grande utilité au jardin d'ornement une fois la création de la pelouse terminée. Aussi, si vous choisissez de retourner la terre avec cet engin, nous vous conseillons de le louer ou de l'emprunter. Faites-vous bien expliquer le fonctionnement et le réglage pour l'utiliser au mieux de ses possibilités.

La bêche. C'est l'outil idéal pour la création d'une pelouse. Le travail est plus pénible mais vous pouvez nettoyer le terrain à la

---

AVANT L'ACHAT

Lorsque vous achetez vos outils, ne vous laissez pas séduire par leur couleur ou leur forme, ni même par leur prix. Réfléchissez avant. Un appareil doit être fonctionnel avant tout, même si c'est au détriment de son esthétique. Attention aux bas prix, vous risquez de le payer plus tard. Le plus coûteux n'est pas forcément le meilleur, mais le moins cher ne l'est certainement pas.

---

perfection. Si vous n'avez pas de bêche, vous pouvez utiliser **un louchet**. La différence ne réside principalement que dans le système d'emmanchement. Veillez à ce que le fer soit exempt de rouille. Celle-ci empêche la terre de glisser et de se retourner correctement. Après chaque séance de bêchage, lavez l'outil et séchez-le. Puis enduisez le fer d'un peu d'huile à l'aide d'un pinceau. Et remisez-le dans un endroit sec.

La fourche-bêche. Elle est conseillée pour les terrains collants. Elle est constituée de 4 dents plates et larges. Du fait de l'espacement entre les dents, la terre colle moins au fer et glisse mieux. C'est également un outil idéal pour travailler dans les terrains pierreux. Mais ceux-ci ne sont guère propices à l'installation d'une belle pelouse.

La griffe ou le croc. La griffe sert à dresser grosso-modo le terrain après le labour. Avec elle vous allez briser les mottes, extirper les derniers gros cailloux. Vous pouvez aussi tirer la terre et la déplacer vers les creux pour les combler. On s'en sert aussi bien pour ramener vers soi la terre que pour la pousser. On travaille dans les deux sens.

La pelle. Si vous avez des mouvements de terrains importants à modifier, vous en aurez besoin. Elle peut être à bout carré ou arrondi. Sachez que la seconde est plus pratique pour piquer dans le sol ou dans un tas. Son état de propreté doit être le même que celui de la bêche pour en obtenir le meilleur rendement.

Le râteau. Il en existe plusieurs modèles dont le nombre de dents diffère. Cela n'a pas grande importance pour la qualité du travail. Le principal est qu'il soit maniable et léger. Vous devez bien le tenir en main, car avec lui vous allez finir de dresser correctement la partie à ensemencer. Celle-ci devra être comme de la farine. Il faut donc un outil peu lourd pour avoir des gestes très souples.

Le rouleau. Il peut être plein ou creux. Dans ce cas vous le remplirez d'eau ou de sable. Le principal est que son poids ne

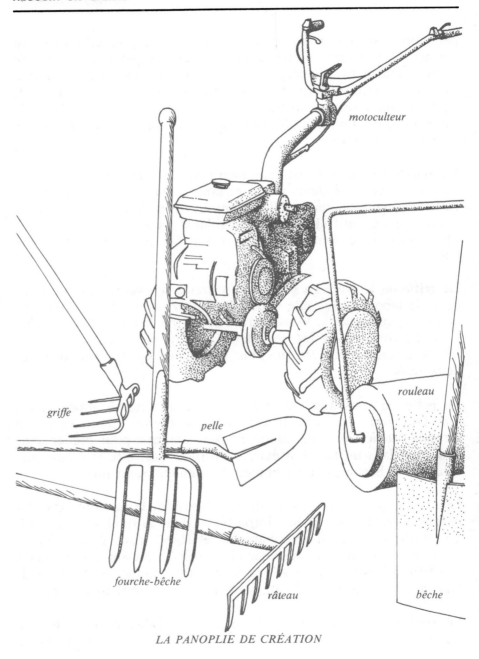

motoculteur

griffe

pelle

rouleau

fourche-bêche

râteau

bêche

LA PANOPLIE DE CRÉATION

dépasse pas 80 à 100 kg. Si ses bords sont arrondis ce n'en est que mieux car il marque moins sur le sol. Après usage, grattez-le bien et lavez-le. Séchez et huilez-le pour le protéger de la rouille s'il est en métal attaquable. Et graissez le roulement pour qu'il soit plus facile à traîner.

Pour le semis

Certains outils comme le râteau pour l'enfouissage, la pelle pour le terreautage, le rouleau sont nécessaires pour les opérations de semis. Vous aurez en plus besoin d'un cordeau, de piquets, d'un semoir et d'un matériel d'arrosage.

Le cordeau. Il va vous servir à délimiter les zones à ensemencer. Ne le laissez pas traîner sur le sol. Dès son utilisation terminée, embobinez-le correctement pour éviter qu'il s'emmêle. Ne le laissez pas à l'humidité.

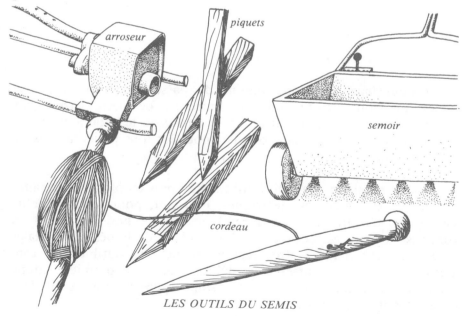

LES OUTILS DU SEMIS

Les piquets ou jalons. Ils vont vous servir à piqueter le terrain pour assurer un semis régulier, sans manques ni recouvrements. C'est du petit outillage mais il doit être bien entretenu et soigneusement rangé.

Le semoir. Si vous n'êtes pas sûr de votre volée, vous pouvez utiliser un semoir mécanique. Le grain peut sortir soit en ligne soit à la volée. Il ne doit pas être d'un volume trop important parce que, dans le mélange, les graines les plus lourdes tomberaient au fond par les trépidations et vous n'auriez plus à la fin que les plus fines. La levée ne serait pas homogène. Enfin il doit être d'un réglage facile et précis pour obtenir une répartition égale.

Les arroseurs. Nous verrons plus loin le matériel d'arrosage dans la panoplie d'entretien. Sachez simplement que pour mouiller après un semis, il vous faut un arroseur qui pulvérise finement l'eau pour éviter les ruissellements. Si vous prenez une lance d'arrosage, le plus pratique pour cette opération, réglez-la au plus fin.

Pour l'entretien

Tout l'outillage que nous venons de passer en revue vous est nécessaire pour assurer un bon entretien de votre gazon. S'y ajoutent l'aérateur, le scarificateur, le râteau ou le balai à gazon, la brouette, les arroseurs, sans oublier, pour les tout petits jardins, la tondeuse à main.

La tondeuse à main. Ce petit outil tend de plus en plus à disparaître au profit des tondeuses électriques. Pourtant, pour les tout petits carrés de verdure, cet engin rend encore de bons services. La tondeuse à main est constituée d'un rouleau de lames hélicoïdales qu'il convient d'affûter très régulièrement. Cet outil exclut tout terrain pierreux ou parsemé de débris. Pour une première coupe c'est l'appareil idéal. Entretenez-le soigneusement pour qu'il dure le plus longtemps possible.

L'aérateur. Il peut avoir diverses formes. On le trouve comme patin que l'on fixe sous les pieds et qui sert à aérer le sol tout en tondant. Mais le percement de la terre est irrégulier et ne se fait pas partout. On peut également se le procurer sous forme de rampe munie de longues pointes. Enfin l'aérateur peut être un rouleau équipé de crampons que l'on traîne. C'est le plus pratique et celui qui assure le travail le plus régulier. Mais il faut déjà avoir un terrain assez grand pour amortir son achat.

Le scarificateur. Il peut aussi exister sous forme de rouleau. Pour les jardins d'amateur c'est surtout une espèce de râteau aux dents plates, effilées et coupantes. Il ne trouve sa place dans votre panoplie que si vous avez un gazon ancien à régénérer. Autrement attendez avant d'en faire l'achat.

Le râteau et le balai à gazon. Ils vous serviront à ramasser les coupes ainsi qu'à nettoyer la pelouse des détritus ou des feuilles de l'automne. Les râteaux à gazon ont des dents très souples, flexibles qui glissent sur l'herbe sans l'arracher. Les balais à gazon peuvent être des rouleaux que l'on pousse ou tire avec un bac dans lequel sont poussés les débris de toutes sortes. Ils sont plus pratiques que les râteaux, mais leur largeur ne leur permet pas toujours de les utiliser dans tous les coins du tapis vert. A ne conseiller qu'aux grandes surfaces.

Le coupe-bordures. Le choix est large depuis la cisaille à gazon aux coupe-bordures à batteries, électriques, à moteur thermique. Choisissez-le en fonction de la longueur de bordure dont vous disposez. Sachez qu'un coupe-bordures à batterie a une autonomie qui dépasse rarement les 45 minutes pour un temps de recharge de parfois 24 heures. Pour les cisailles préférez celles qui s'équipent d'un manche avec commande à la poignée. Elles sont moins pénibles pour travailler. Pensez à bien nettoyer les lames après chaque sortie pour éviter à la rouille de s'installer. Le gazon est extrêmement corrosif.

La brouette. Cet outil a toute son utilité pour le nettoyage de la

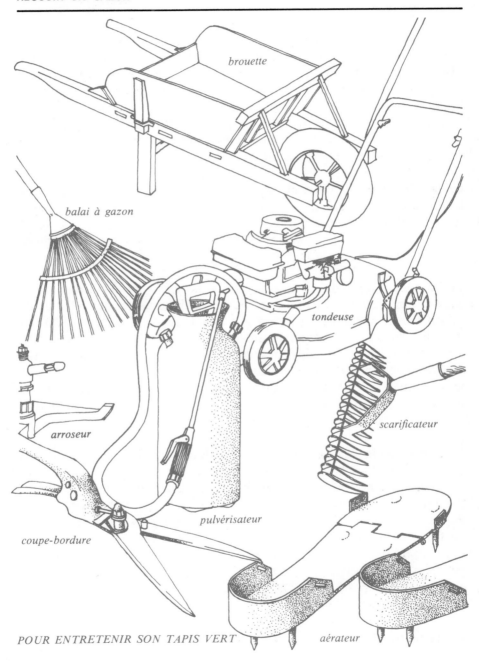

brouette

balai à gazon

tondeuse

arroseur

scarificateur

pulvérisateur

coupe-bordure

POUR ENTRETENIR SON TAPIS VERT

aérateur

pelouse. Vous pourrez transporter le terreau ou les sacs d'engrais, ramasser les coupes de gazon ou les feuilles d'automne. On trouve de plus en plus difficilement des brouettes en bois. C'est regrettable, car elles demandaient moins d'entretien et duraient certainement plus longtemps. Il est vrai qu'elles étaient souvent lourdes.
Les brouettes actuelles ont des coffres en métal et des roues caoutchoutées. Le coffre de certaines bascule ce qui facilite le vidage. N'oubliez pas de graisser les roues et de bien la nettoyer avant de la remiser. Ne la laissez pas aux intempéries.

Les arroseurs et les tuyaux. Il y a bien sûr l'arrosoir ou la lance fixée au bout d'un tuyau. Mais vous avez aussi le choix entre les arroseurs fixes, les oscillants, les rotatifs et les « canons ». Les premiers n'ont aucune pièce en mouvement et demandent peu de pression pour entrer en action. Ils arrosent des formes circulaires ou longitudinales comme les tuyaux percés. Les arroseurs oscillants demandent une pression d'au moins 2 bars (2 kg/cm²) sinon 3 pour donner le maximum. Ils sont constitués d'un bras oscillant équipé de buses. Par un système de réglage on peut n'arroser qu'une partie, l'oscillation pouvant se bloquer au quart, à la moitié ou aux trois-quarts de sa course. Ce sont les plus pratiques car ils se placent n'importe où, quelle que soit la forme de la pelouse. Les arroseurs rotatifs se présentent sous la forme de deux bras terminés par une buse. La pression n'a pas besoin d'être très importante mais la surface arrosée sera d'autant plus grande que cette pression sera élevée. Enfin les « canons » sont des sortes de gicleurs équipés d'un mouvement de saccades qui projettent au loin l'eau d'arrosage. Ils ne permettent pas une pluie très fine et demandent une pression d'au moins 3 bars. Ils sont surtout utiles aux grandes surfaces. Il est possible sur ces arroseurs de régler par secteur la partie à mouiller. Un dernier conseil : ne laissez pas traîner les tuyaux d'arrosage sur la pelouse. Une trace jaune figurerait sur votre gazon ensuite.

Les pulvérisateurs. Vous pouvez compléter votre panoplie par un pulvérisateur. Il vous servira à effectuer les traitements contre les mauvaises herbes ou d'éventuelles maladies.

Ils sont de deux types : à pression entretenue ou préalable. Dans le premier cas vous pompez continuellement pour maintenir constante la pression nécessaire à la pulvérisation. Dans le second cas vous pompez avant et gardez ainsi les deux mains libres pour le traitement. Après chaque usage, vous aurez bien soin de les nettoyer correctement pour éliminer toute trace de produit.

LES OUTILS MOTORISÉS

La panoplie motorisée est essentiellement constituée des coupe-bordures à moteur électrique ou thermique que nous avons vus précédemment et de la tondeuse avec un complément nouvellement arrivé sur le marché : les appareils à fil nylon.

La tondeuse. Depuis la mini-tondeuse électrique jusqu'au micro-tracteur le choix est large. Tout dépend de la superficie de votre pelouse.
— Moins de 500 m² : tondeuse électrique de moins de 900 watts.
— De 500 à 1 000 m² : tondeuse électrique de 1 200 watts.
— De 500 à 1 500 m² : tondeuse poussée à moteur thermique.
— De 1 500 à 3 000 m² : tondeuse autotractée.

MATÉRIEL SOIGNÉ

Les bons jardiniers se reconnaissent aussi à la propreté de leur outillage. Soyez de ceux-là et prenez soin de votre matériel. Après chaque usage nettoyez-le consciencieusement en le grattant et le lavant. Puis huilez les parties métalliques pour éviter la rouille. Vous verrez, on travaille mieux avec un outil à l'aspect toujours neuf.

— Plus de 3 000 m² : tondeuse à siège dit autoportée.
— Plus de 5 000 m² : microtracteur.

Le choix entre les moteurs 2 temps et 4 temps se fait en fonction du terrain. Si celui-ci est pentu ou accidenté, il vous faut un 2 temps. Autrement préférez le 4 temps, plus souple et moins bruyant. L'éjection de l'herbe peut être latérale ou arrière. Dans ce cas vous serez moins gêné pour travailler le long des murs, des massifs ou autour des arbres. La tondeuse est souvent un investissement important. Pour conserver longtemps votre outil n'oubliez pas de l'entretenir constamment. Lavez et grattez le carter après chaque tonte. Pensez à vérifier le niveau d'huile du moteur et à faire la vidange selon les directives du constructeur. Enfin, la saison terminée, nettoyez-la en huilant les parties non peintes. Videz l'essence du réservoir et arrêtez le moteur sur un point de compression pour éviter une oxydation dans le cylindre. Et affûtez souvent votre lame pour obtenir une coupe bien nette.

Les fils nylon. Ce sont des mini-tondeuses équipées d'un fil nylon qui, par sa très grande vitesse de rotation, coupe l'herbe comme une lame. Ce fil se change au fur et à mesure de sa dégradation. Ces appareils peuvent être munis d'un moteur électrique ou thermique. Leur utilisation se fait dans les zones où la tondeuse accède difficilement : autour des arbres, le long des clôtures et des bordures.

La panoplie du gazon est maintenant constituée. La liste des outils est longue, mais chacun a une fonction propre et est donc nécessaire pour la beauté de votre tapis vert. N'hésitez pas à vous équiper.

Les ennemis du gazon

Comme toute culture, le gazon possède ses ennemis. Dans tous les cas il vaut mieux prévenir que guérir. Vous pourrez ainsi éviter la mousse en draînant, les mauvaises herbes en les détruisant dès leur germination. Il en est d'autres pourtant que vous ne pourrez prévenir. Il faudra alors penser à lutter. Mais que ce soit un parasite animal, végétal ou une maladie, il s'est installé parce que le terrain lui était favorable : un sol trop acide, une variété de gazon peu résistante, un terrain mal aéré... Dès la création commencez la lutte et soyez vigilants.

Heureux celui qui n'a jamais eu à combattre une attaque de mauvaises herbes, de mousse, de taupes ou d'une quelconque maladie. Car même en prenant des précautions, il arrive un jour où le gazon est envahi ou en passe de l'être. Apprenez à lutter contre les ennemis du gazon.

Les mauvaises herbes

L'herbe étrangère au semis de gazon effectué est le premier mal que va rencontrer votre pelouse. Dès la germination de votre mélange, de nombreuses petites plantes vont également lever. Nous avons vu au chapitre traitant des semis comment s'en débarrasser. Lorsque la pelouse est plus ancienne le problème est autre. Il convient de distinguer les espèces annuelles et les vivaces.

Les annuelles. Ce sont les plus faciles à combattre car leur cycle végétatif ne dure pas longtemps. Pratiquement, si vous tondez au moins une fois par semaine, vous vous en débarrasserez très vite. Le principal est qu'elles ne montent pas à graine pour se ressemer d'elles-mêmes. De plus, si votre gazon est dense, elles éprouveront des difficultés à s'installer car elles seront étouffées. Enfin ces espèces annuelles sont surtout importantes sur les jeunes semis et repoussent difficilement la seconde année de création.

Les vivaces. Les plus coriaces sont sans doute les plantes vivaces. On doit les combattre dès le départ pour ne pas risquer l'envahissement.
Parmi les plus courantes citons le trèfle blanc ou jaune, le pissenlit, la marguerite des prés, la renoncule rampante ou bulbeuse, la pâquerette, le mouron, le séneçon, le lierre, le liseron, le chiendent, l'oseille. La plupart ont une végétation rampante et passent souvent sous la lame de la tondeuse.
Avant de traiter recherchez la cause de leur installation. L'oseille est là parce que le sol est acide, le lierre s'il est trop fertile... En modifiant la nature de la terre, chaulage par exemple, vous en ferez disparaître quelques-unes. Si l'invasion n'est pas trop importante,

Des vivaces ennemies des beaux gazons

vous pouvez désherber manuellement avec une gouge ou une bêche.

Mais dans le cas d'une pelouse en mauvais état, comme le sont les anciennes, ayez recours à un désherbant chimique dit « sélectif ». Celui-ci détruit toute la végétation sauf les graminées dont font partie les espèces à gazon. Ce traitement doit s'effectuer au printemps lorsque les plantes sont en pleine végétation. Évitez de l'appliquer sur un gazon de moins de 6 mois. Vous trouverez ce désherbant sous forme granulée, mise en épandage ou liquide. L'application se fait soit à l'arrosoir muni d'une rampe, soit au pulvérisateur. Évitez de traiter sur un gazon trop sec ou trop humide, par jour de grand vent. Pensez que, si vous avez des bulbes plantés dans le gazon, des rosiers ou des arbustes, le désherbant les détruira aussi. Prenez des précautions.

Dans le commerce les herbicides pour gazon sont nombreux. La plupart ont pour principe actif le 2-4 D vendu sous des appellations commerciales différentes. Lorsque vous l'utilisez, prenez bien soin de lire la notice du fournisseur et de suivre ses recommandations. Ne détruisez pas votre jardin.

La mousse

Le problème de la mousse est différent de celui des mauvaises herbes. Si on la combat aussi par un traitement chimique, il faut

---

DURÉE D'ACTION DES PRODUITS

La rémanence d'un produit est la période durant laquelle il conserve son action. Ainsi l'utilisation d'un désherbant détruira immédiatement la végétation existante mais son action sera telle qu'aucune levée ne sera possible tant que dureront ses principes actifs. Pensez-y lorsque vous traiterez un sol pour détruire les mauvaises herbes, avant de semer votre gazon.

---

avant tout s'intéresser aux raisons de son installation. La mousse ne peut s'implanter que si le sol contient suffisamment, trop devrions-nous dire, d'humidité permanente.

En conséquence, le seul et véritable remède contre la mousse est de supprimer cette eau stagnante. Ou bien le sol est trop compacté ou bien la circulation de l'eau est mauvaise suite à un drainage déficient. Procédez à une bonne aération dans le premier cas. Pour la seconde éventualité réalisez un drainage comme nous l'avons décrit dans un précédent chapitre. Enfin veillez à ce que votre pelouse ne soit pas trop à l'ombre. Si vous ne pouvez pas faire autrement, aménagez une bonne ventilation en supprimant quelques branches d'arbre trop basses ou en éliminant une partie de haie par exemple.

Pour un traitement rapide de la mousse utilisez du sulfate de fer « neige » par arrosage au tout début du printemps. Cette mousse va noircir et s'enlèvera en râtissant la pelouse. Vous pourrez regarnir en semant quelques graines de gazon. Mais sachez que ce traitement ne sera que provisoire, la mousse réapparaissant invariablement dès la fin de l'action du sulfate de fer.

Les taupes

Les taupes ne sont pas de véritables ennemis du gazon qu'elles débarrassent d'une grande quantité de larves et de vers de terre. Ce sont plus les tas de terre que l'animal lui-même qui sont gênants. Supprimer les vers de terre ferait fuir les taupes. Mais sans vers de terre plus d'aération du sol d'où asphyxie des racines et dépérissement de la pelouse. Le cercle est vicieux.

A l'heure actuelle il n'existe aucun moyen véritable de lutte définitif contre les taupes. Pièges, appâts, fusées, fumigations, la panoplie anti-taupe est grande. Mais si vous réussissez à en chasser une, bientôt une autre reviendra. L'euphorbe (*Euphorbia latirus*) est une plante qui donne parfois de bons résultats. A condition d'en disposer un pied tous les mètres carrés ou en haie autour du terrain ! Le seul moyen de lutte est d'être vigilant et de ne pas attendre la multiplication des galeries. Ce combat ne doit pas non plus être solitaire mais accompli avec le voisinage afin de repousser plus loin le champ d'investigation de cet animal myope et hémophile à la fourrure si douce.

Les maladies

Contre les maladies il n'existe que deux remèdes : la lutte chimique ou l'emploi de variétés résistantes. Chaque année, apparaissent sur le marché de nouvelles variétés de gazon plus résistantes aux principales maladies. Vérifiez-le lors du choix de votre composition. Mais que ce soit la rouille, l'oïdium, la fusariose ou le « fil rouge », prenez conseil auprès d'un organisme spécialisé qui déterminera avec précision le genre de maladie. Il vous indiquera les moyens de lutter efficacement.

Les autres dégâts

Ils sont plus rares et de moindre importance.

Les champignons. Ils apparaissent quelquefois sur les pelouses même régulièrement entretenues. En réalité ils n'ont pas d'effets néfastes sur celles-ci et disparaissent bien vite. La seule gêne : ils

UTILES OISEAUX

Les oiseaux dans le jardin égayent votre espace vert. Ne cherchez pas à les faire fuir. Il sont peut-être annonciateurs de larves destructrices dans le sol. Ils mangent aussi des vers de terre ce qui vous sera bénéfique si ces derniers sont trop nombreux. Et même sur un jeune semis, les graines sont en si grand nombre que vous pouvez leur en faire cadeau de quelques-unes.

rendent le gazon glissant. Une application de sulfate de fer ou de cuivre détruira les mycéliums.

Les vers blancs ou gris. Ils s'attaquent aux racines et peuvent causer de sérieux dommages au gazon. On peut s'en apercevoir à temps lorsque de nombreux oiseaux viennent sur la pelouse et picorent le sol. Un traitement avec un insecticide en vient rapidement à bout.

Les fourmis. En grand nombre, elles sont plus gênantes pour l'utilisateur que pour la pelouse car elles l'empêchent de s'asseoir ou même parfois d'y marcher. Employez un insecticide à base de chlordane près du nid pour les éliminer.

Les vers de terre. Meilleurs que les aérateurs à gazon, les vers de terre trouent le sol et assurent une bonne ventilation du sous-sol. Il est donc préférable de les protéger plus que de les combattre. Passez le râteau ou le balai à gazon sur la pelouse pour supprimer les petits tas de terre inesthétiques.

Les taches jaunes. Leurs causes sont nombreuses et peuvent provenir soit de l'urine d'un animal, soit d'une dose trop copieuse d'engrais. De l'essence ou du mazout sont également à l'origine de taches jaunes ou brunâtres. L'attention sera dans tous les cas le meilleur des remèdes.

INDEX

ADRESSES UTILES

IMPORTATEURS ET PRODUCTEURS
DE GRAINES DE GAZON

DESPALLES : 5, rue d'Alésia, 75014 Paris.
FABRE : 42, rue Mazelle, 57045 Metz.
GAZONS DE FRANCE : Boissise-la-Bertrand, 77000 Melun.
GENEST : Saint-Quentin-Fallavière, 38290 La Verpillière.
GRAINES D'ÉLITE CLAUSE : 91220 Brétigny-sur-Orge.
LA MAISON DES GAZONS : 7, rue Perdonnet, 75010 Paris.
TRUFFAUT : rue des Pépinières, Les Noëls, 41350 Vineuil.
VILMORIN : 4, quai de la Mégisserie, 75001 Paris.

Titres déjà parus :

Photocomposition et photogravure intérieure :
C.M.L. Montrouge
ACHEVÉ D'IMPRIMER SUR LES PRESSES
DE L'IMPRIMERIE DU MARVAL
12-14, RUE GABRIEL
PÉRI - VITRY
94400